Pliages de serviettes
50 modèles incontournables

Delphine Viellard

Photographies de Marco Hom

Pliages de serviettes
50 modèles incontournables

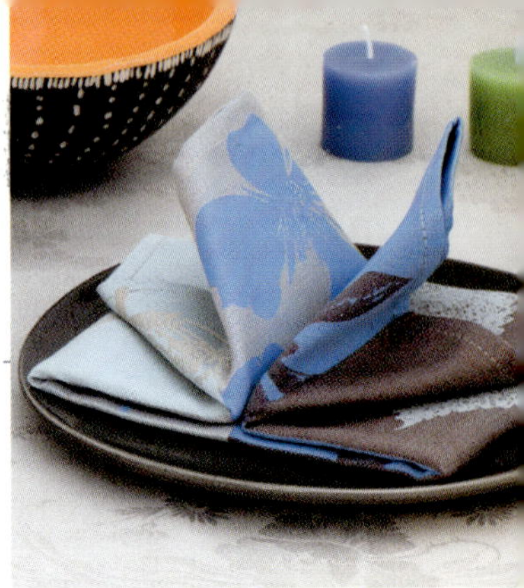

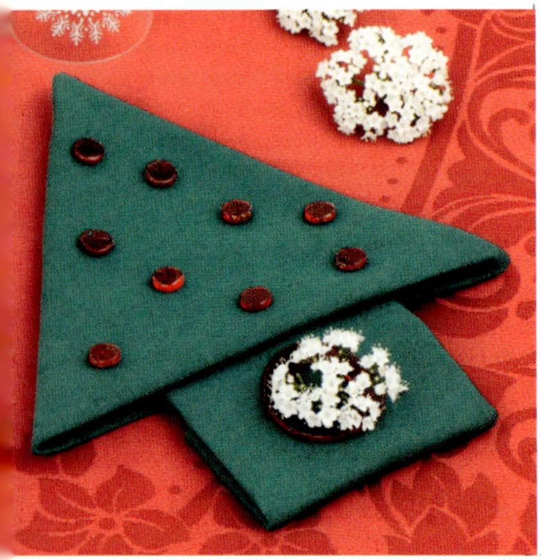

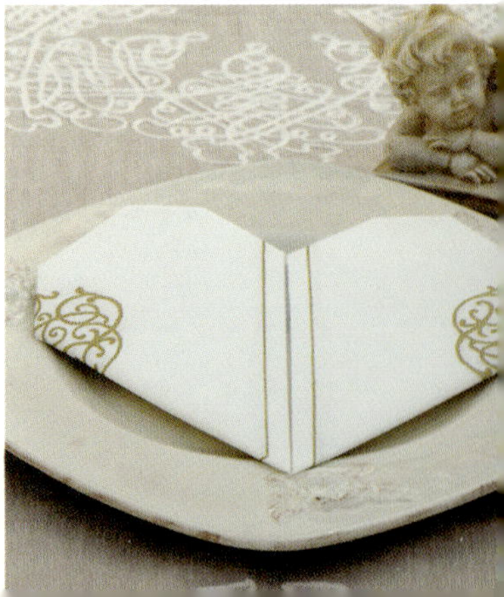

Sommaire

Introduction, 7

Serviette en papier
Brunch, 8
Pique-nique, 14
Déjeuner dans le jardin, 20
Dîner entre amis, 28
Plateau repas, 36
Dîner aux chandelles, 42
Goûter d'anniversaire, 48

Serviettes en tissu
Baptême et communion, 56
Fiançailles, 62
Mariage, 70
Réveillon, 78
Dîner de l'ambassadeur, 84
Dîner de Noël, 90
Déjeuner de Pâques, 96
Dîner improvisé, 102

Annexes, 108

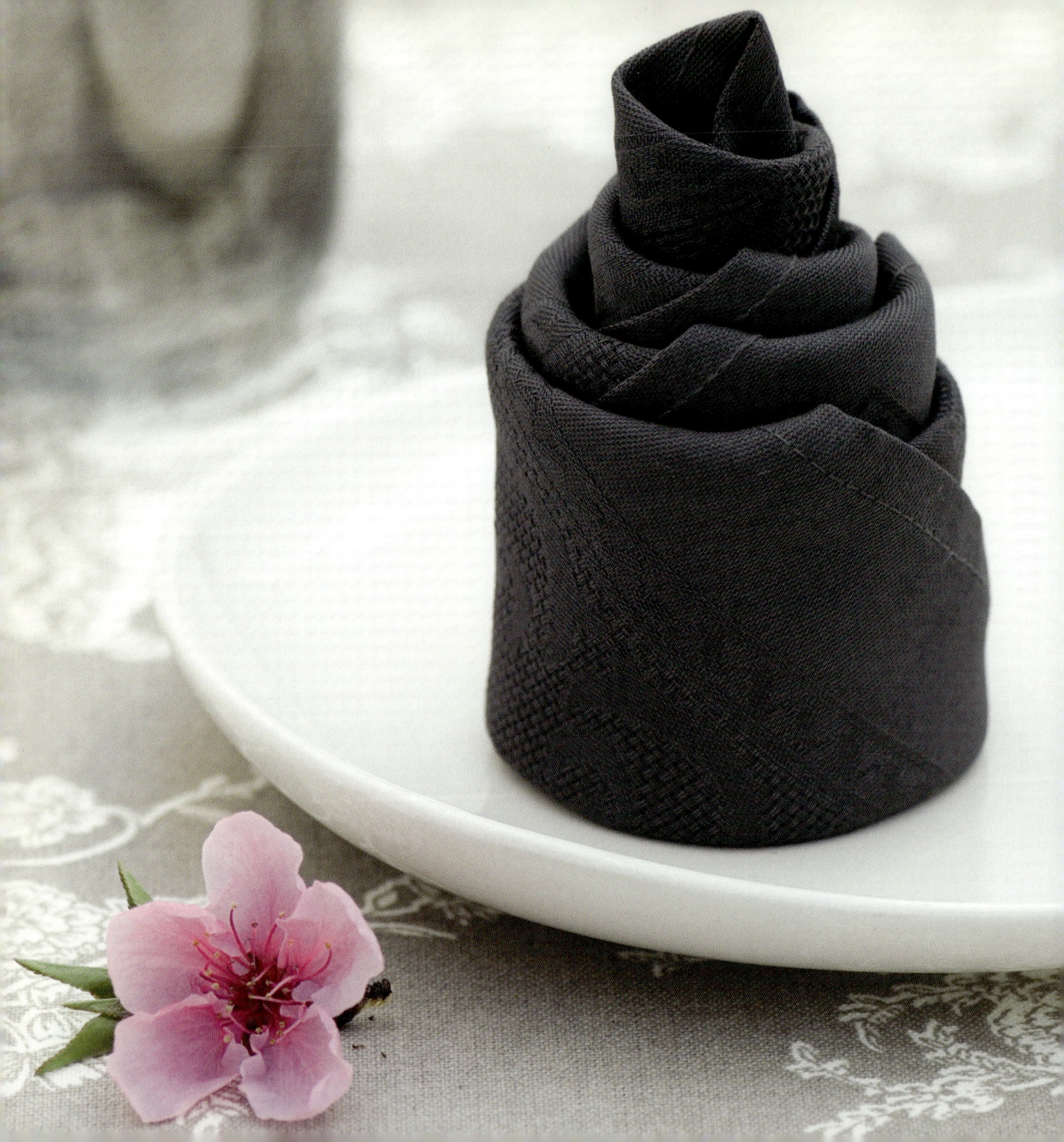

Introduction

Le pliage de serviettes est un art éphémère apprécié des convives et qui s'adapte à tout style de repas : réception, pique-nique ou tête à tête... Cet ouvrage vous propose 50 pliages de serviettes, en tissu ou en papier, qui sont autant d'idées simples et variées pour personnaliser et égayer votre table, et pour étonner vos invités, des plus petits aux plus grands (messages personnels, cadeaux, bonbons...).

Pour garantir une meilleure tenue à vos pliages, amidonnez les serviettes en tissu par trempage ou grâce à de l'amidon en bombe. Vous obtiendrez un résultat vraiment parfait, si vous utilisez le fer à repasser, pour le papier comme pour le tissu, et aplatissez bien les plis au fur et à mesure du pliage.
Serviettes en lin, coton, synthétique, en damassé, brodées, imprimées, toutes les matières sont propices au pliage à condition de bien choisir son modèle.
Alors, ... à vous de plier !

DIFFICULTÉ : *

La tour

1

Ouvrez la serviette et disposez-la à plat devant vous, le bord inférieur parallèle au bord de la table, puis pliez-la en deux en rabattant le bas sur le haut pour obtenir un rectangle plus long que haut.

2

Repliez le tiers inférieur du rectangle sur le rectangle.

3

Pliez la serviette en accordéon sur toute sa longueur, en faisant des plis réguliers.

4

Maintenez en haut d'une main les plis serrés, et de l'autre rabattez les plis intérieurs en triangle vers le bas. Appuyez bien pour marquer les plis. Ensuite, disposez la serviette en rond, dans un support.

* Astuce *

Pour mettre ce pliage en valeur, vous pouvez présenter les serviettes dans des ramequins ou des petits verres.

SERVIETTES EN PAPIER * BRUNCH * 8

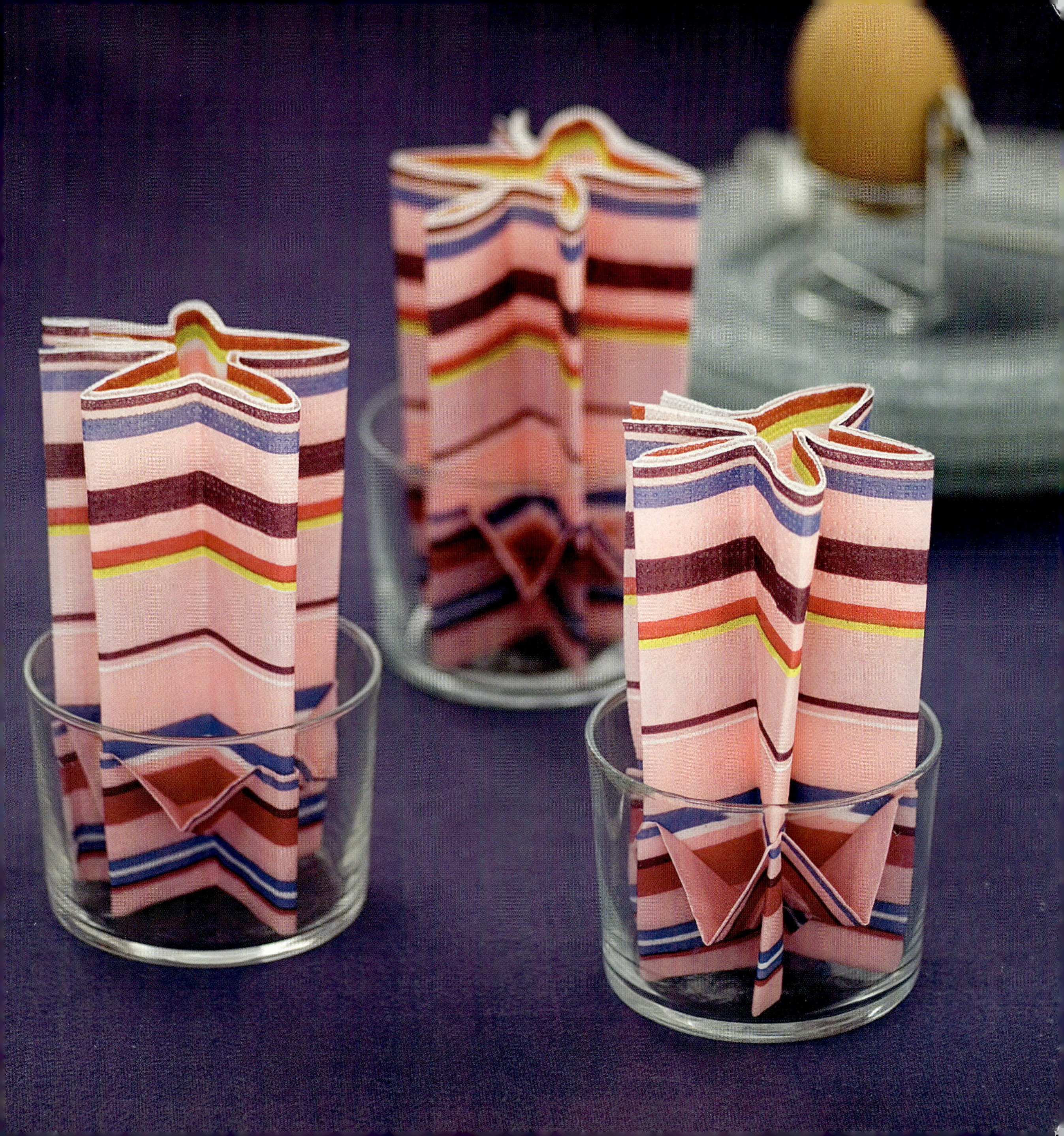

DIFFICULTÉ : ✱ ✱

Le toasteur

1

Ouvrez la serviette et disposez-la à plat, une pointe vers vous. Pliez-la en deux en rabattant la pointe inférieure sur la pointe supérieure pour obtenir un triangle. Rabattez l'angle droit et l'angle gauche sur l'angle supérieur. Vous obtenez un losange.

2

Retournez ce losange sur l'autre face et, en tenant les angles droit et gauche entre vos doigts, rabattez la moitié inférieure du losange sur la moitié supérieure pour obtenir un triangle.

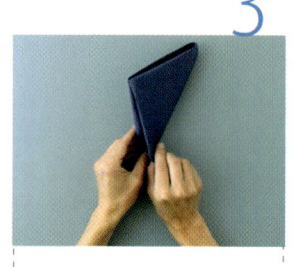

3

Prenez l'angle droit et l'angle gauche entre vos doigts et rabattez-les vers l'arrière l'un contre l'autre.

4

Écartez les pans ouverts pour leur donner un peu de volume et pour que le pliage puisse tenir bien droit.

✱ Astuce ✱

Ce pliage étant très stable, vous pouvez vous en servir pour entourer des objets (bougie, verre...) ou en maintenir d'autres (toast, menu...).

SERVIETTES EN PAPIER ✱ BRUNCH ✱ 10

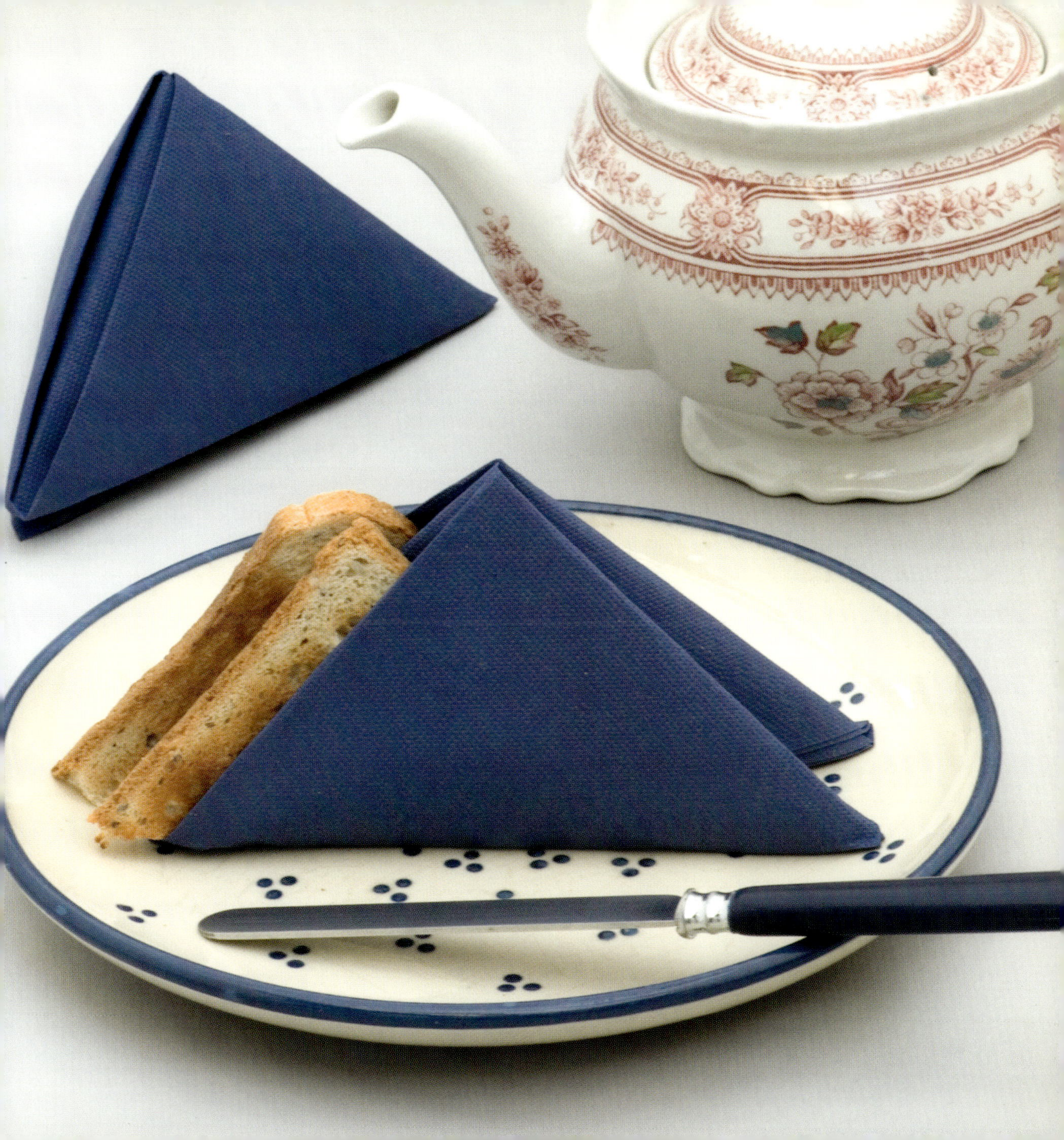

DIFFICULTÉ : *

L'avion

1 Ouvrez la serviette et disposez-la à plat, une pointe vers vous. Pliez-la en deux en rabattant la pointe inférieure sur la pointe supérieure pour obtenir un triangle.

2 Rabattez l'angle droit et l'angle gauche sur l'angle supérieur. Vous obtenez un losange.

3 En tenant les angles droit et gauche entre vos doigts, rabattez vers l'arrière la moitié inférieure du losange. Vous obtenez un triangle.

4 Insérez l'extrémité de l'angle droit dans l'angle gauche pour fermer le pliage. Vous pouvez ensuite poser la serviette sur une table, les pointes devant, légèrement rabattues de chaque côté.

SERVIETTES EN PAPIER * BRUNCH * 12

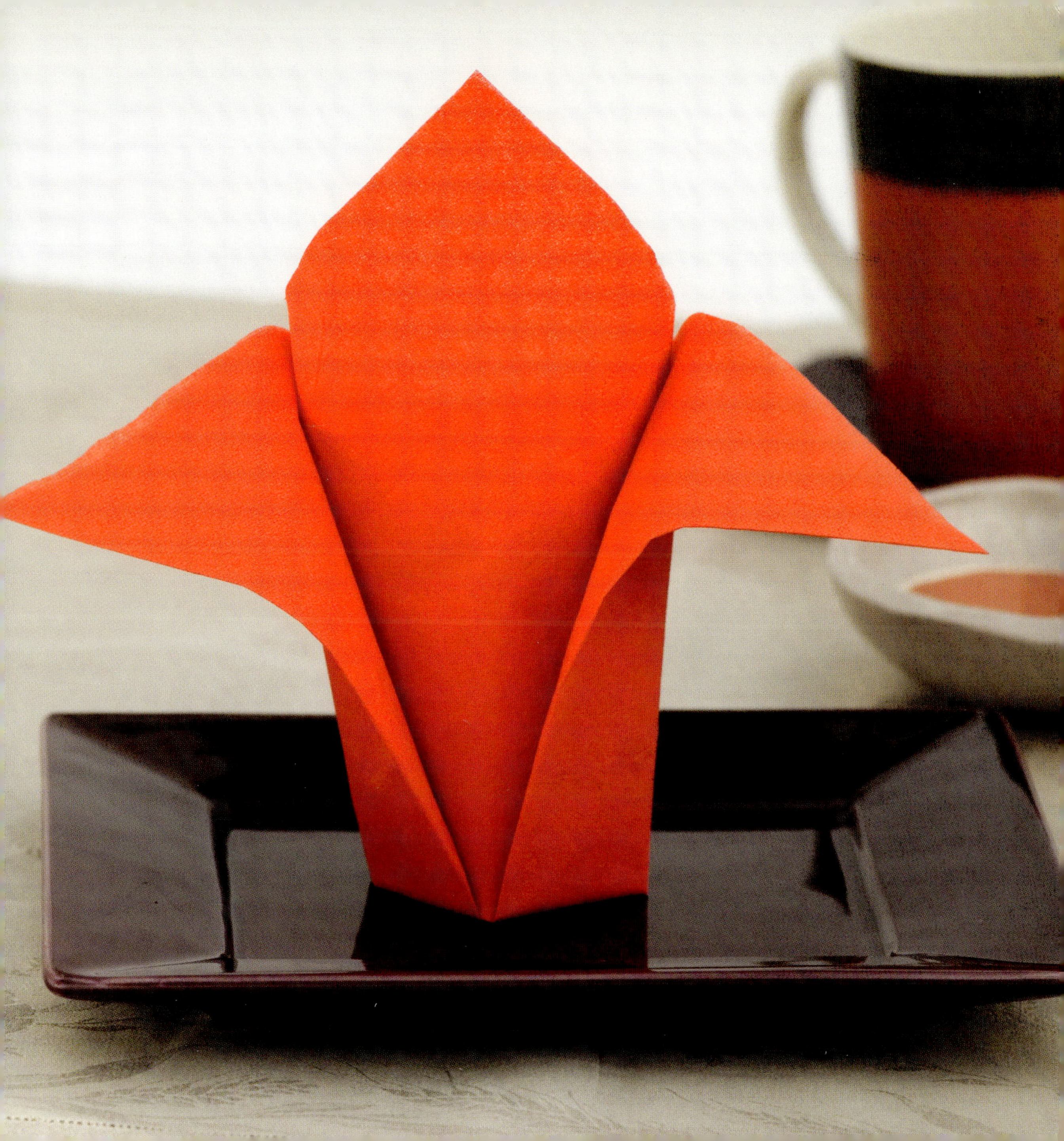

DIFFICULTÉ ✱ ✱

Le panier à fleurs

1

Ouvrez la serviette et disposez-la à plat, une pointe vers vous. Pliez-la en deux en rabattant la pointe inférieure sur la pointe supérieure pour obtenir un triangle.

2

Rabattez l'angle droit et l'angle gauche sur l'angle supérieur. Vous obtenez un losange.

3

Rabattez le côté inférieur droit du losange sur le centre, puis le côté inférieur gauche. Vous venez de former deux triangles.

4

Rabattez les angles droits de ces deux triangles sur leur côté opposé.

5

Rabattez par-dessus les deux pointes de serviette.

✱✱ Astuce ✱
✱ Vous pouvez glisser une fleur ou des couverts à l'intérieur du pliage.

SERVIETTES EN PAPIER ✱ PIQUE-NIQUE ✱ 14

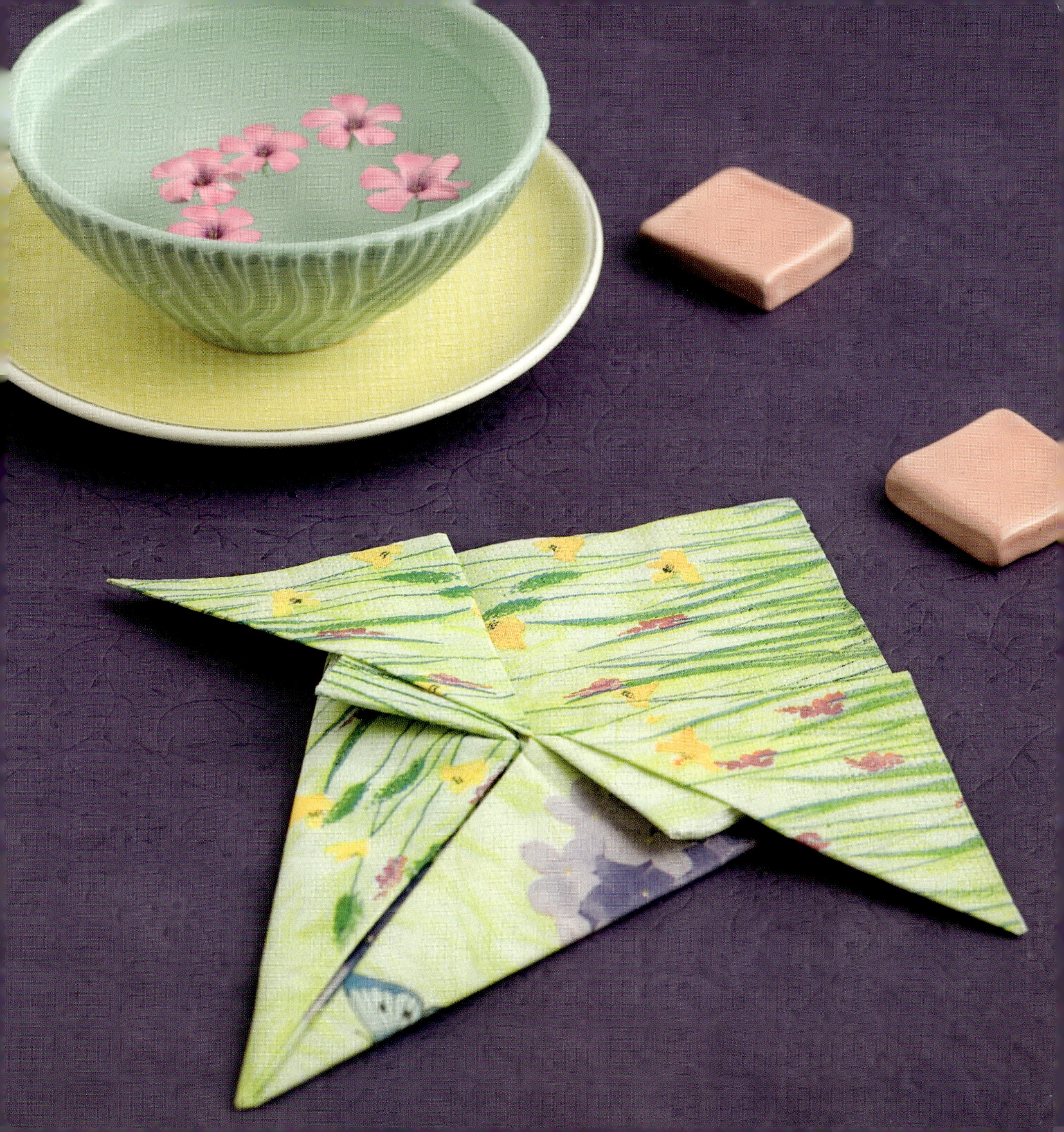

DIFFICULTÉ : *

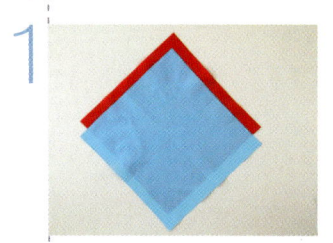

Les candies

1 Ouvrez deux serviettes de couleurs différentes et disposez-les à plat, une pointe vers vous, l'une sur l'autre et légèrement décalées.

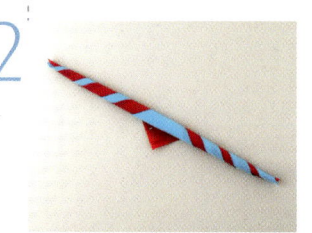

2 Roulez les deux serviettes ensemble, en partant des deux angles de droite.

3 Pliez le rouleau ainsi obtenu en deux parties égales et disposez-le dans un verre, une verrine, ou bien encore une tasse à café.

Astuce

* Vous pouvez jouer avec les variations de tons et disposer dans un même support plusieurs « candies » dans les mêmes tonalités.

SERVIETTES EN PAPIER * PIQUE-NIQUE * 16

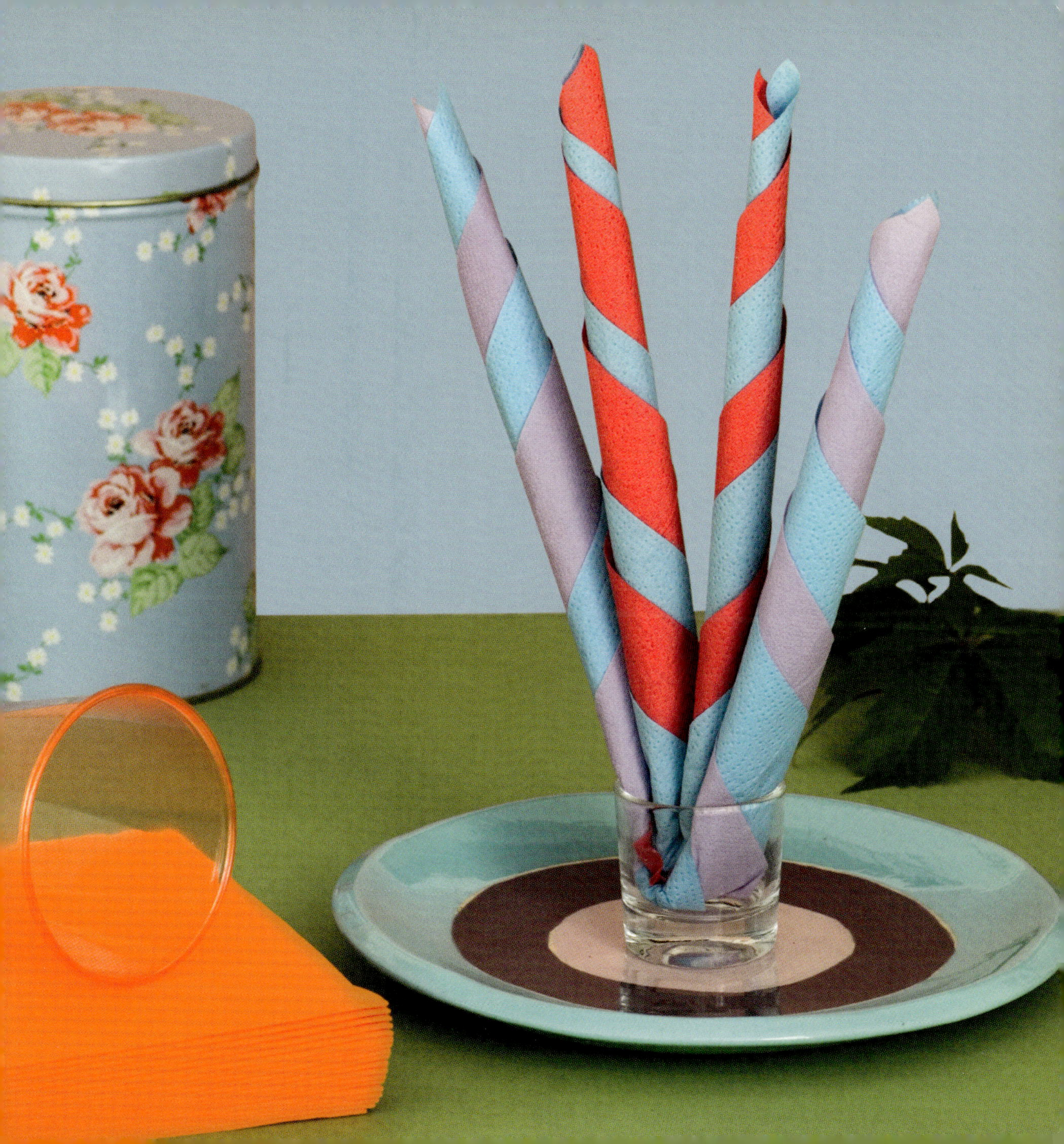

DIFFICULTÉ : * * *

Le moulin à vent

1 Ouvrez la serviette et disposez-la à plat devant vous, un côté parallèle au bord de la table, puis rabattez le côté droit et le côté gauche jusqu'au milieu de façon à obtenir un rectangle plus haut que large.

2 Repliez le bas du rectangle sur le rectangle, jusqu'au milieu de sa hauteur, en tenant les angles inférieurs de la serviette en papier entre vos doigts et en tirant dessus vers l'extérieur pour ouvrir les côtés.

3 Rabattez la pointe gauche vers le bas.

4 Repliez le haut du rectangle sur le rectangle, jusqu'au milieu de sa hauteur, en tenant les angles supérieurs de la serviette en papier entre vos doigts et en tirant dessus vers l'extérieur pour ouvrir les côtés.

5 Rabattez la pointe supérieure droite vers le haut.

SERVIETTES EN PAPIER * PIQUE-NIQUE * 18

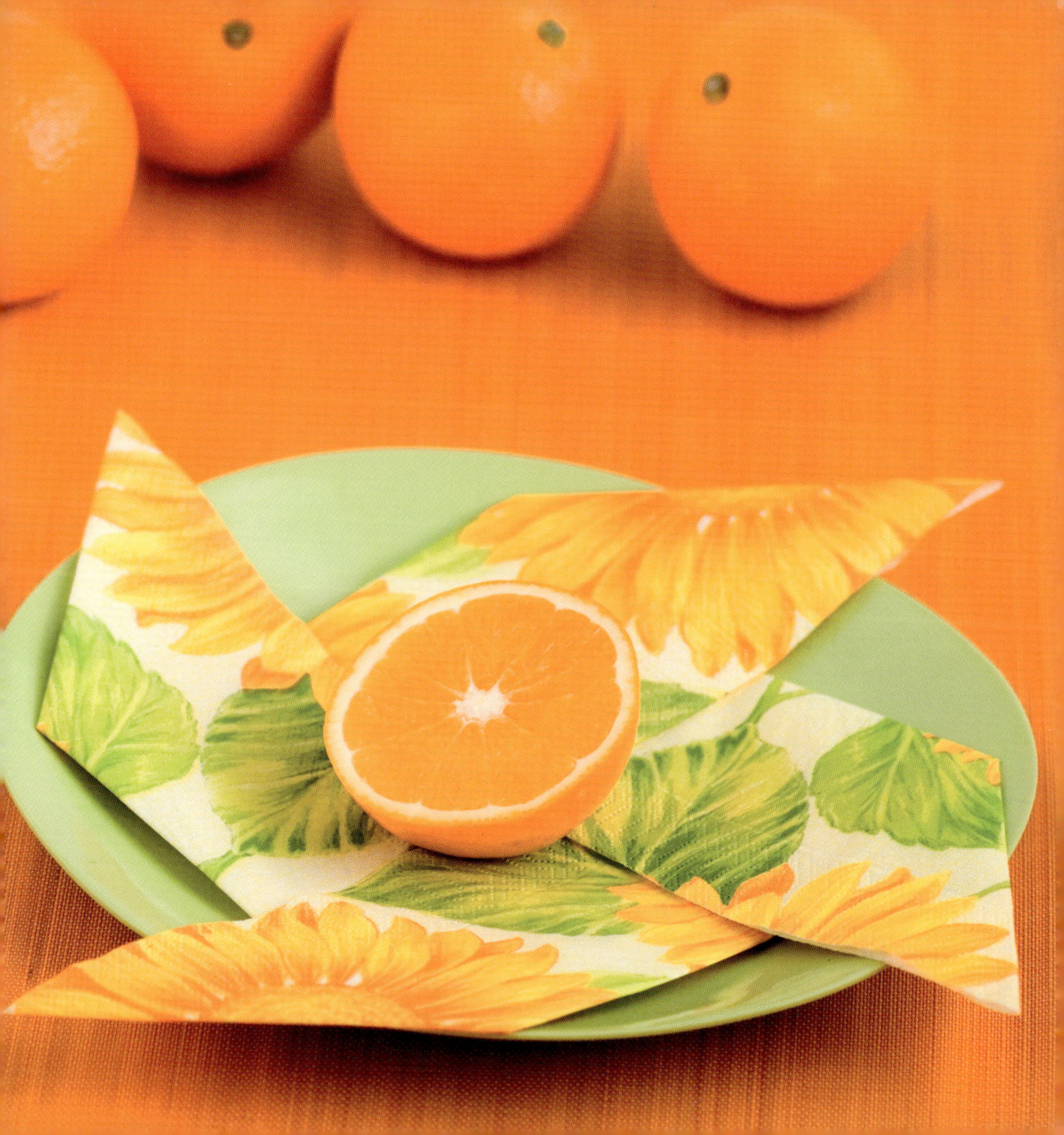

DIFFICULTÉ : *

Le papillon

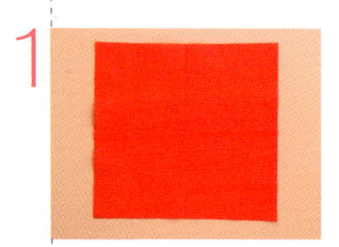

1 Ouvrez la serviette et disposez-la à plat devant vous, un bord parallèle au bord de la table.

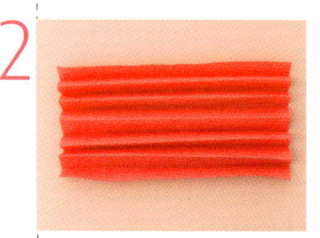

2 Pliez la serviette en accordéon.

3 Repliez en deux le ruban obtenu et placez-le dans un verre. Écartez les ailes afin qu'elles redescendent le long du verre.

Astuce

Vous pouvez superposer deux serviettes de tailles différentes afin d'avoir un décor bicolore.

SERVIETTES EN PAPIER * DÉJEUNER DANS LE JARDIN * 20

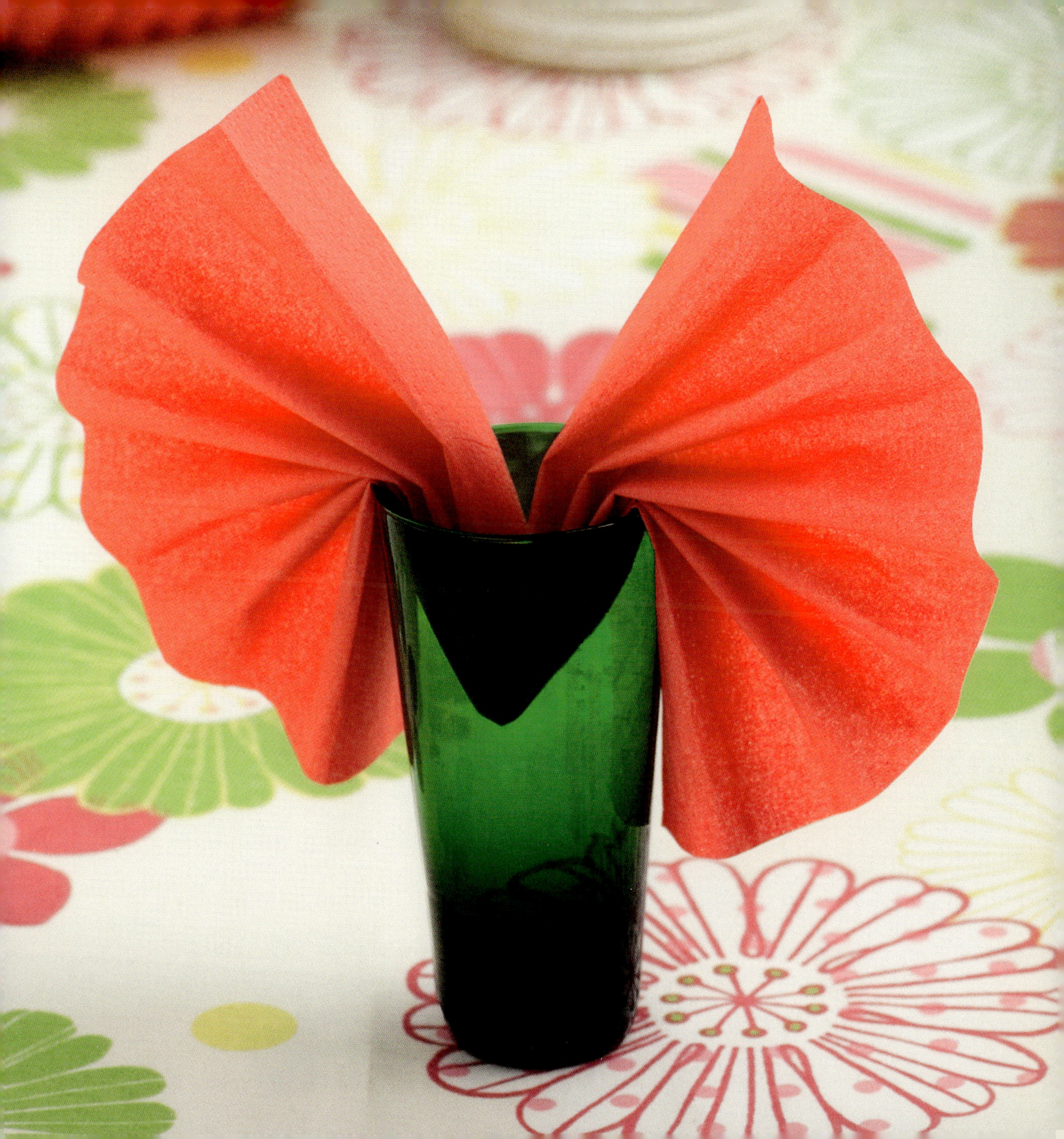

DIFFICULTÉ : **

L'éventail

1. Ouvrez la serviette et disposez-la à plat devant vous, un bord parallèle au bord de la table, puis pliez-la en deux en rabattant le bas sur le haut pour obtenir un rectangle plus long que large.

2. Faites pivoter le rectangle d'un quart de tour à droite et pliez-le en accordéon sur les deux tiers de sa longueur.

3. Faites pivoter la serviette d'un quart de tour à droite et pliez-la en deux en rabattant le bas vers l'arrière. Pliez le premier rectangle à droite en diagonale vers le bas.

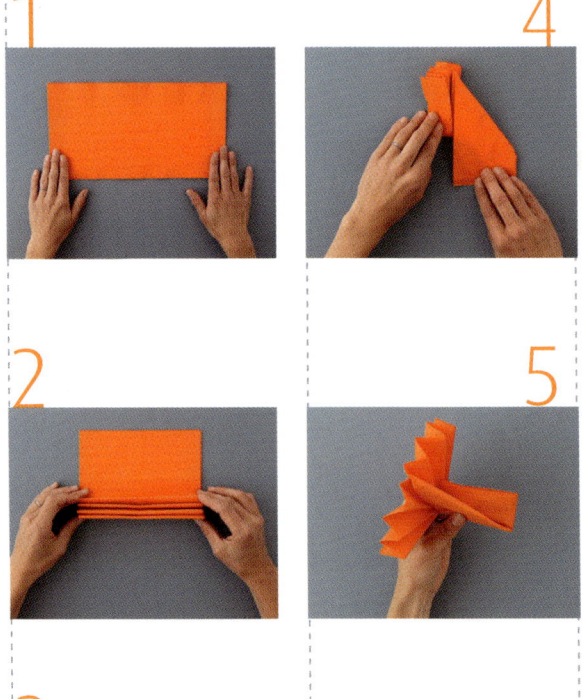

4. Pliez par-dessus les deux autres épaisseurs de papier pour former un support à l'éventail, en forme de triangle.

5. Repliez ces rectangles vers l'arrière, sous la base du triangle. Ensuite, posez l'éventail sur son support et ouvrez-le délicatement.

SERVIETTES EN PAPIER * DÉJEUNER DANS LE JARDIN * 22

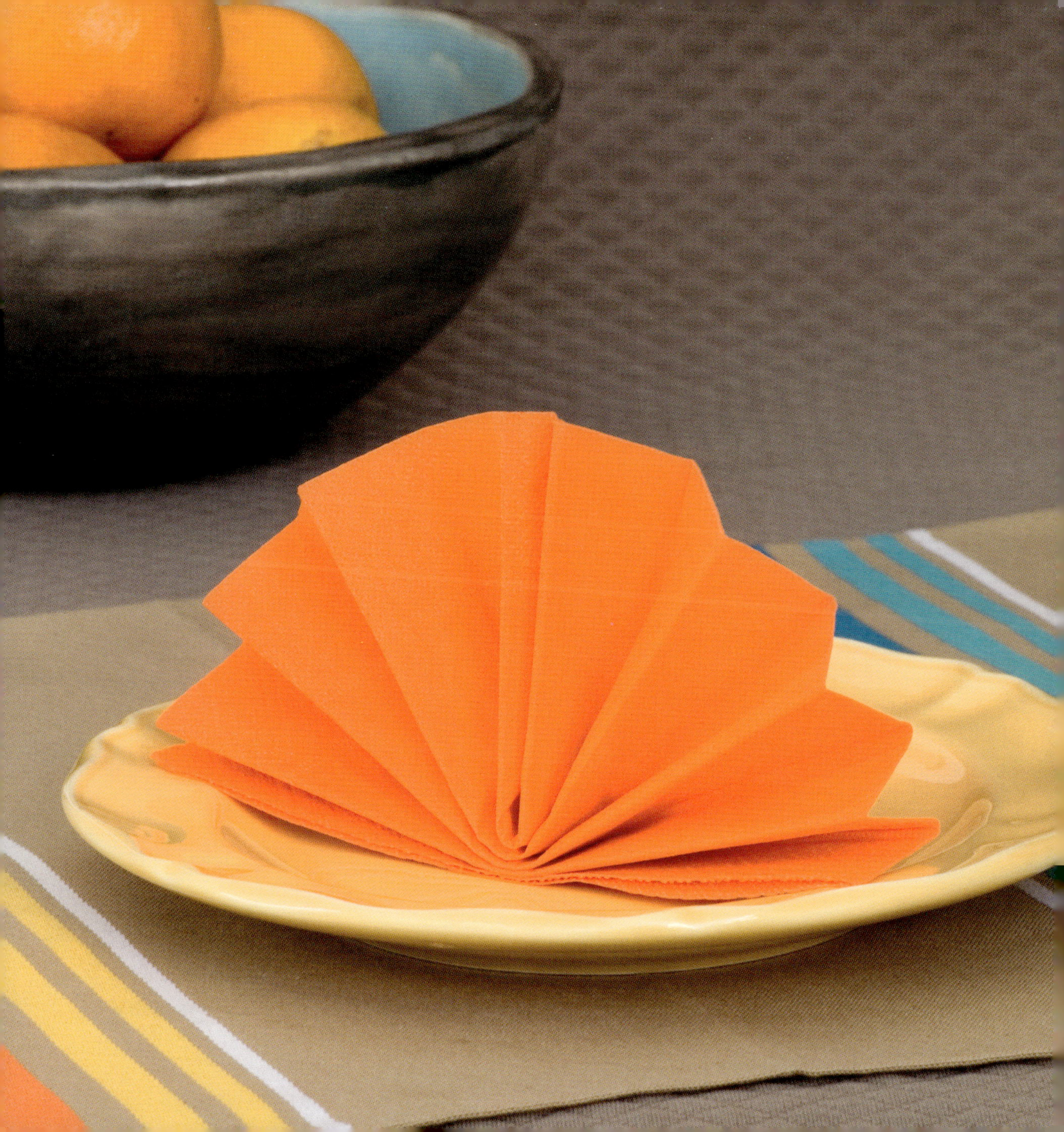

DIFFICULTÉ : *

La mitre

1. Ouvrez la serviette et disposez-la à plat devant vous, un bord parallèle au bord de la table. Pliez-la en deux en rabattant le bas sur le haut, et rabattez ensuite l'angle inférieur droit jusqu'au milieu.

2. Rabattez l'angle supérieur gauche au milieu.

3. Retournez la serviette sur l'autre face, puis rabattez le bas sur le haut de façon à la plier en deux en laissant un triangle apparent à droite.

4. Dégagez du pliage une pointe à gauche.

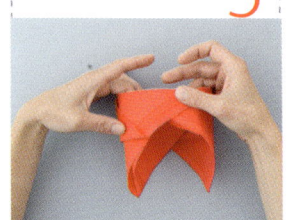

5. Glissez les extrémités du pliage dans les plis des angles afin de maintenir la serviette fermée.

Ensuite, posez la serviette debout et mettez-la en forme.

SERVIETTES EN PAPIER * DÉJEUNER DANS LE JARDIN * 24

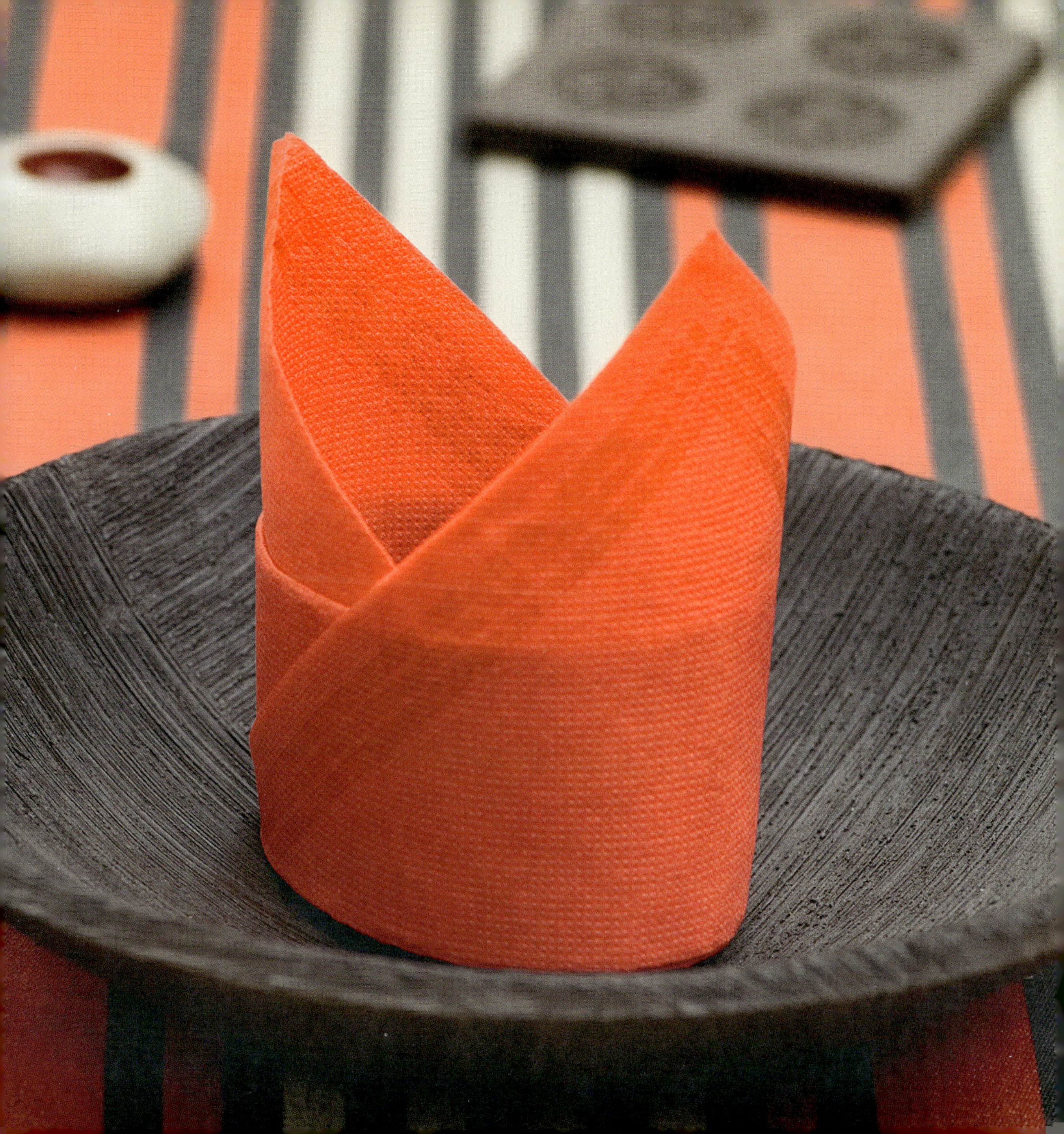

L'enveloppe

DIFFICULTÉ : *

1. Ouvrez la serviette et disposez-la à plat devant vous, un bord parallèle au bord de la table, envers sur le dessus, puis rabattez le côté droit jusqu'au milieu.

2. Rabattez le côté gauche jusqu'au milieu, bien bord à bord avec le côté droit.

3. Tournez la serviette d'un quart de tour et rabattez les angles supérieur et inférieur droits jusqu'au milieu pour former un triangle.

4.  Pliez le côté gauche sur un tiers du rectangle puis une deuxième fois jusqu'à la base du triangle.

5. Rabattez la pointe du triangle sur le rectangle pour former l'enveloppe.

Astuce

Vous pouvez glisser dans l'enveloppe de chaque invité un petit mot personnel, un dicton, une devinette...

SERVIETTES EN PAPIER * DÉJEUNER DANS LE JARDIN * 26

Les rêves restent à l'état de
jusqu'à ce que tu les mettes en
Commence à réaliser tes rêves et le courage

DIFFICULTÉ ✱✱

Le flamenco

1

Ouvrez la serviette et disposez-la à plat devant vous, un bord parallèle au bord de la table, puis pliez-la en deux en rabattant le bas de la serviette sur le haut pour obtenir un rectangle plus long que large.

2

Tirez l'angle supérieur gauche de la première épaisseur de serviette sur l'angle supérieur droit. Un triangle se forme.

3

Retournez la serviette et procédez comme à l'étape 2.

4

Pliez en deux le triangle obtenu et étirez les quatre pointes pour que la serviette puisse tenir debout.

✱ Astuce ✱
Vous pouvez aussi présenter ce pliage de serviette à plat dans une assiette.

SERVIETTES EN PAPIER ✱ DÎNER ENTRE AMIS ✱ 28

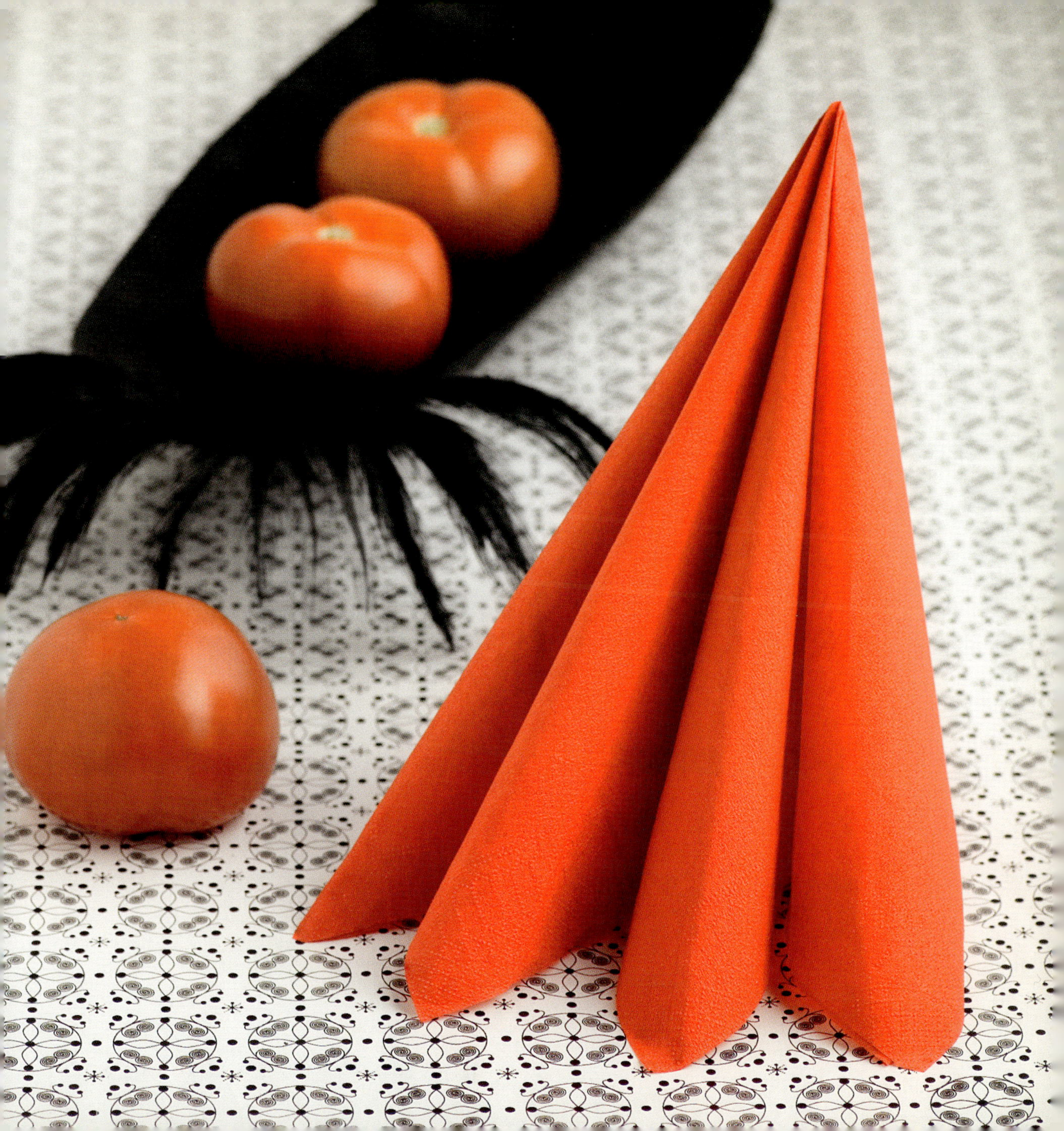

DIFFICULTÉ : * *

L'assiette

1. Ouvrez la serviette et disposez-la à plat, une pointe vers vous, puis rabattez les quatre angles au centre. Vous obtenez un carré.

2. Retournez le pliage sur l'autre face en le maintenant bien pour qu'il ne s'ouvre pas.

3.  Rabattez les angles au centre.

4. Retournez à nouveau le pliage et rabattez les quatre pointes centrales vers l'arrière, sur les angles extérieurs.

Astuce

Vous pouvez disposer ces serviettes sous les assiettes des convives, en guise de sets de table.

SERVIETTES EN PAPIER * DÎNER ENTRE AMIS * 30

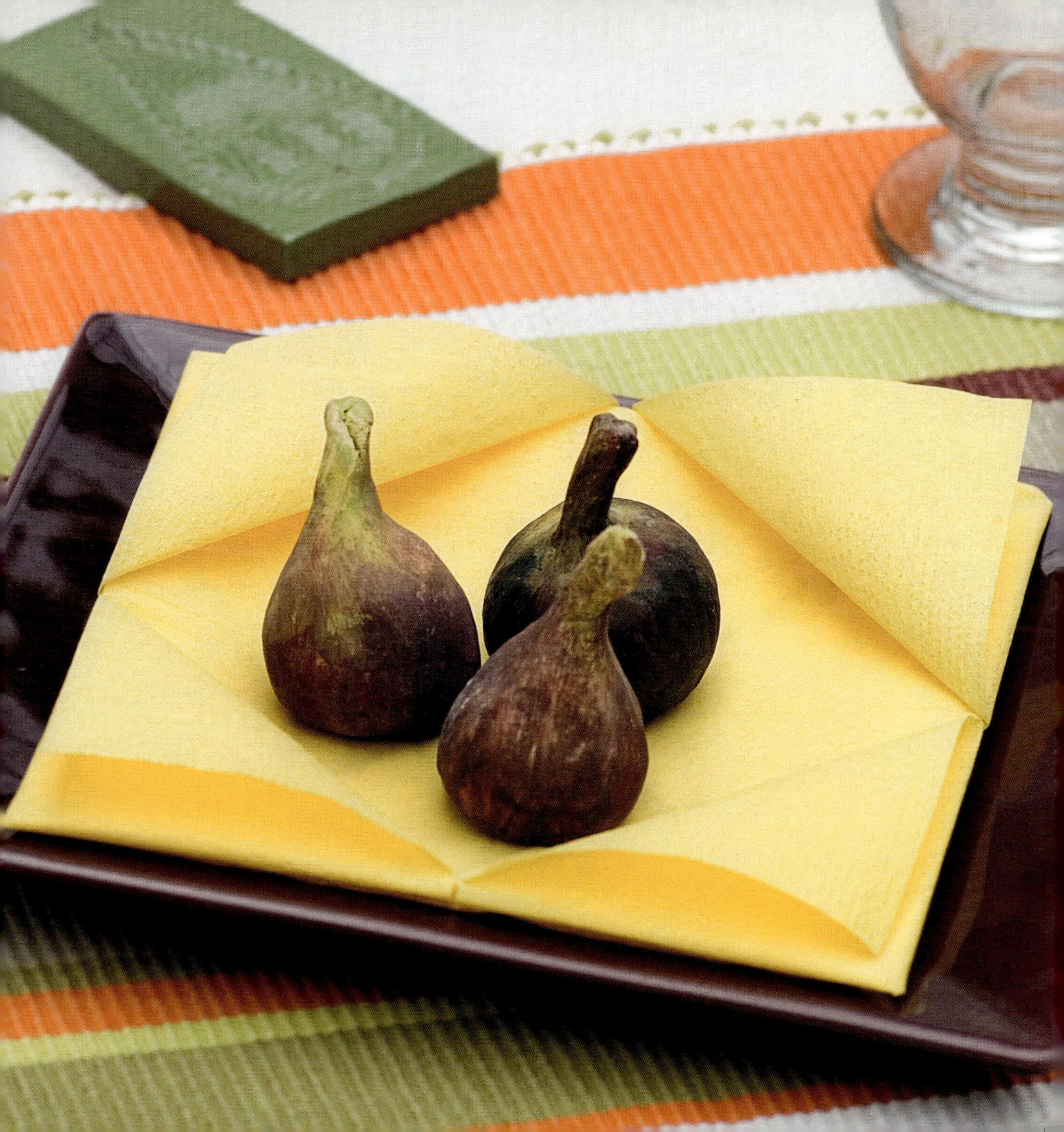

DIFFICULTÉ : ✶ ✶

Le bourgeon

1 Ouvrez la serviette et disposez-la à plat devant vous, un bord parallèle au bord de la table. Pliez-la en trois en rabattant le tiers supérieur sur le tiers inférieur. Vous obtenez un rectangle plus long que large.

2 Rabattez le côté droit et le côté gauche jusqu'au milieu, bien bord à bord.

3 Rabattez l'angle droit supérieur au milieu du rectangle, puis l'angle gauche supérieur, pour former un trapèze.

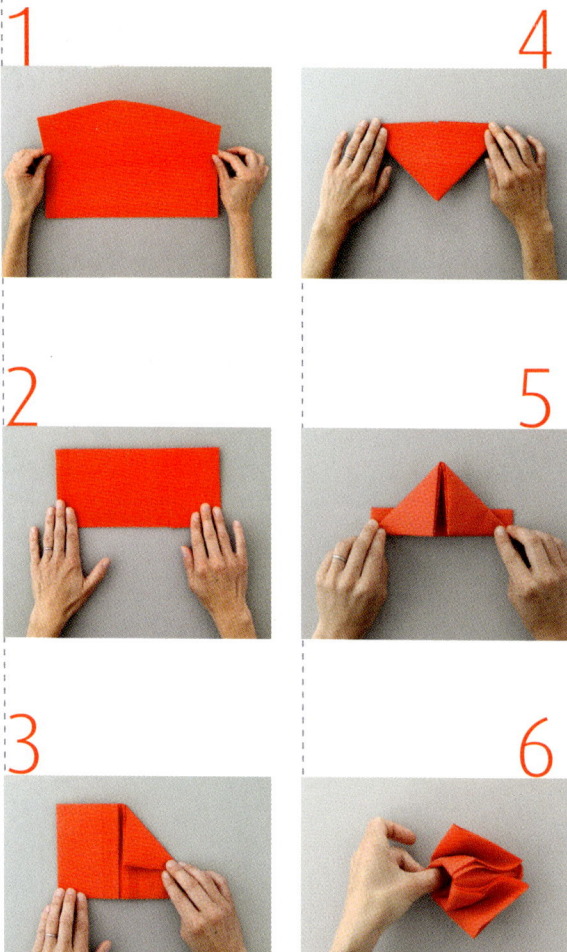

4 Retournez la serviette sur l'autre face et dirigez la pointe vers le bas.

5 Rabattez la pointe de la serviette vers l'arrière sur le rectangle de base et marquez bien le pli.

6 Rentrez l'une des extrémités du rectangle de base dans l'autre de façon à fermer le pliage, puis relevez le pliage et mettez-le en forme.

SERVIETTES EN PAPIER ✶ DÎNER ENTRE AMIS ✶ 32

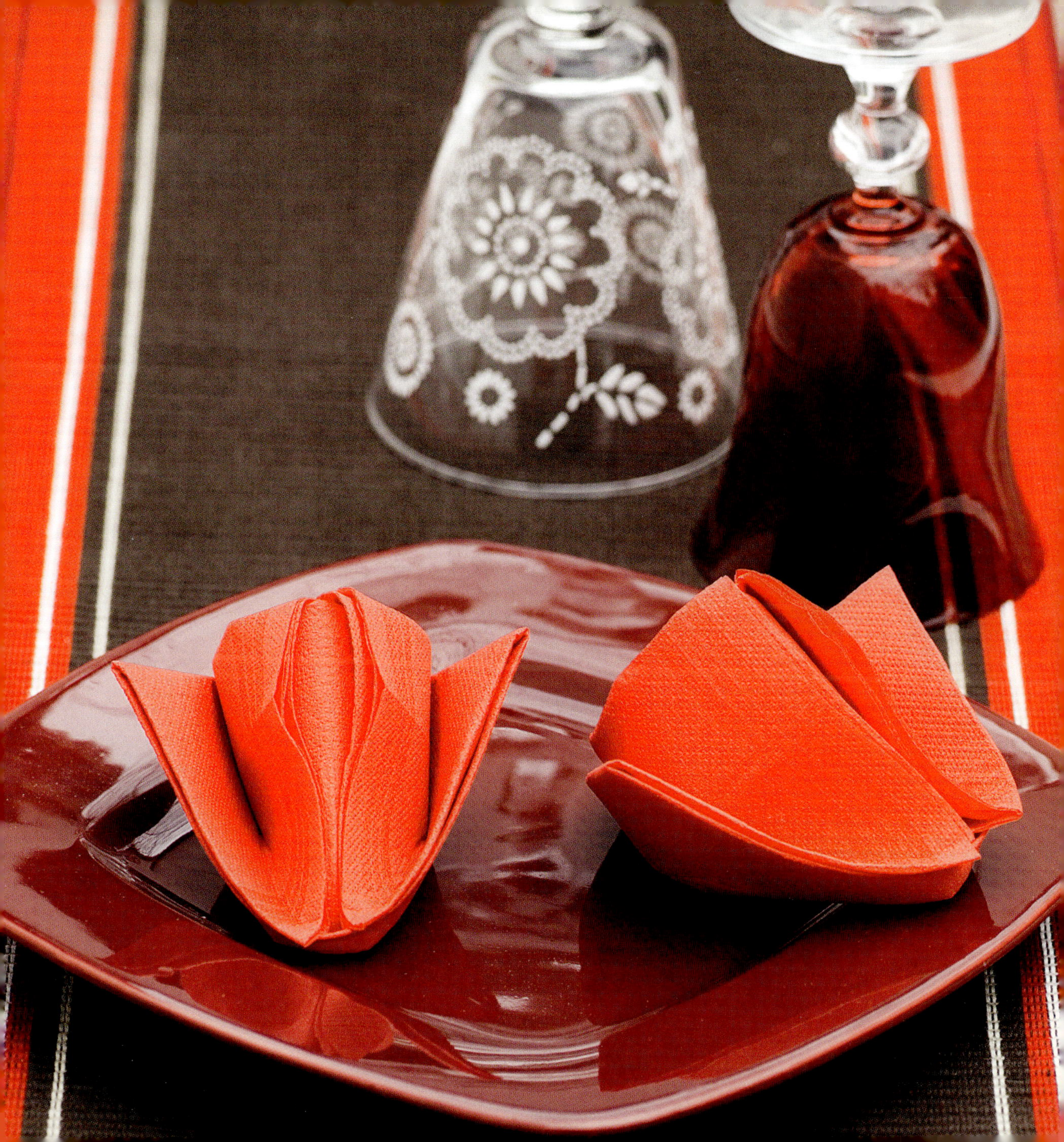

DIFFICULTÉ : *

L'angle

1 Ouvrez la serviette et disposez-la à plat, une pointe vers vous. Pliez-la en deux en rabattant la pointe inférieure sur la pointe supérieure pour obtenir un triangle.

2 Enroulez le triangle sur lui-même en partant de la base, jusqu'à la moitié de sa hauteur. Ne le roulez pas trop serré et appuyez pour marquer les plis.

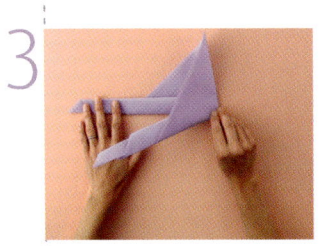

3 Pliez en deux en ramenant les deux extrémités l'une contre l'autre, la pointe à l'extérieur, tournée vers le haut.

SERVIETTES EN PAPIER * DÎNER ENTRE AMIS * 34

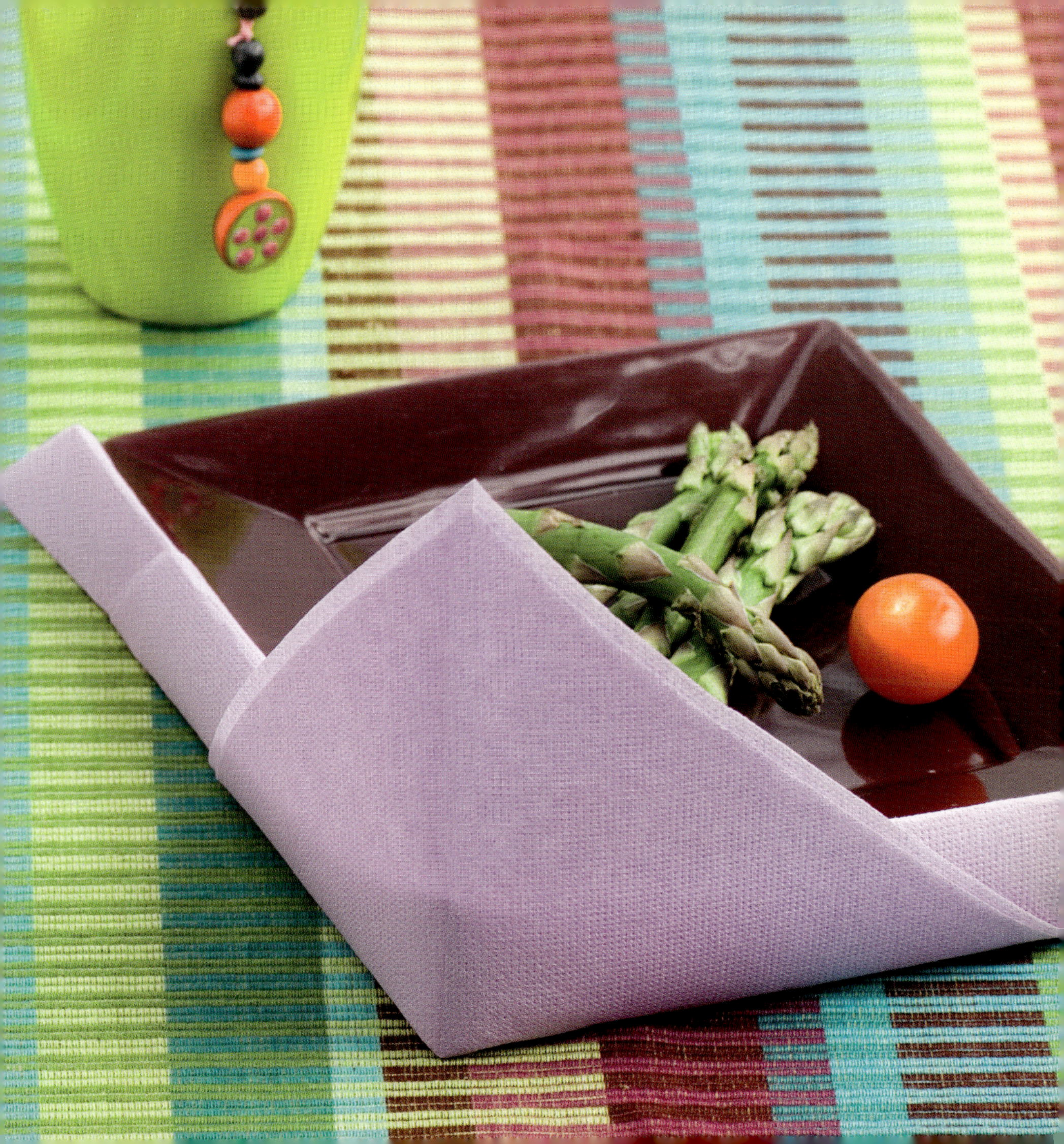

DIFFICULTÉ : *

La pochette

1

Ouvrez la serviette et disposez-la à plat devant vous, un bord parallèle au bord de la table, puis pliez-la en deux en rabattant la moitié droite sur la moitié gauche. Rabattez l'angle supérieur gauche de la première épaisseur de serviette sur l'angle opposé.

2

Enroulez le triangle ainsi formé jusqu'à sa base.

3

Enroulez ensuite le triangle de la deuxième épaisseur de serviette jusqu'à ce qu'il soit bord à bord avec le premier, puis rabattez la moitié inférieure de la serviette vers l'arrière.

4

Pliez vers l'arrière le côté droit.

5

Pliez vers l'arrière le côté gauche, en faisant un pli de la même largeur que pour le côté droit.

Astuce

Vous pouvez glisser à l'intérieur une fleur, des couverts, des baguettes...

SERVIETTES EN PAPIER * PLATEAU REPAS * 36

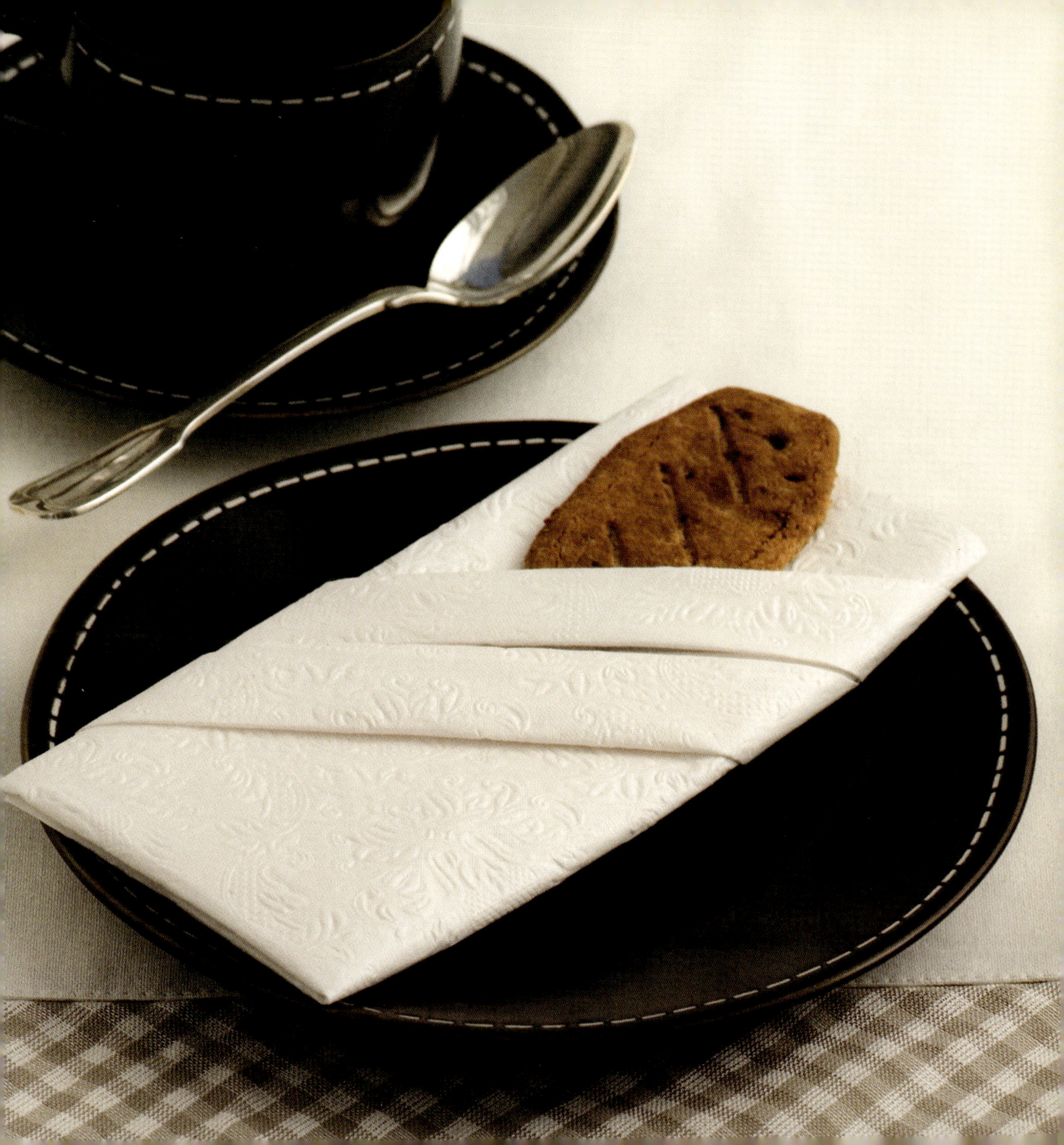

DIFFICULTÉ : ✱✱

Le ramequin

1

Ouvrez la serviette et disposez-la à plat, une pointe vers vous, envers sur le dessus, puis rabattez les quatre angles au centre. Vous obtenez un carré.

2

Retournez la serviette sur l'autre face en la maintenant bien et rabattez de nouveau les quatre angles au centre.

3

Retournez la serviette et pliez-la en quatre pour marquer les plis du milieu, horizontal et vertical.

4

Ouvrez délicatement le pliage et mettez-le en forme en rabattant vers l'extérieur les quatre pans ouverts.

✱ Astuce ✱

✱ Utilisez une serviette un peu rigide pour un meilleur rendu.

SERVIETTES EN PAPIER ✱ PLATEAU REPAS ✱ 38

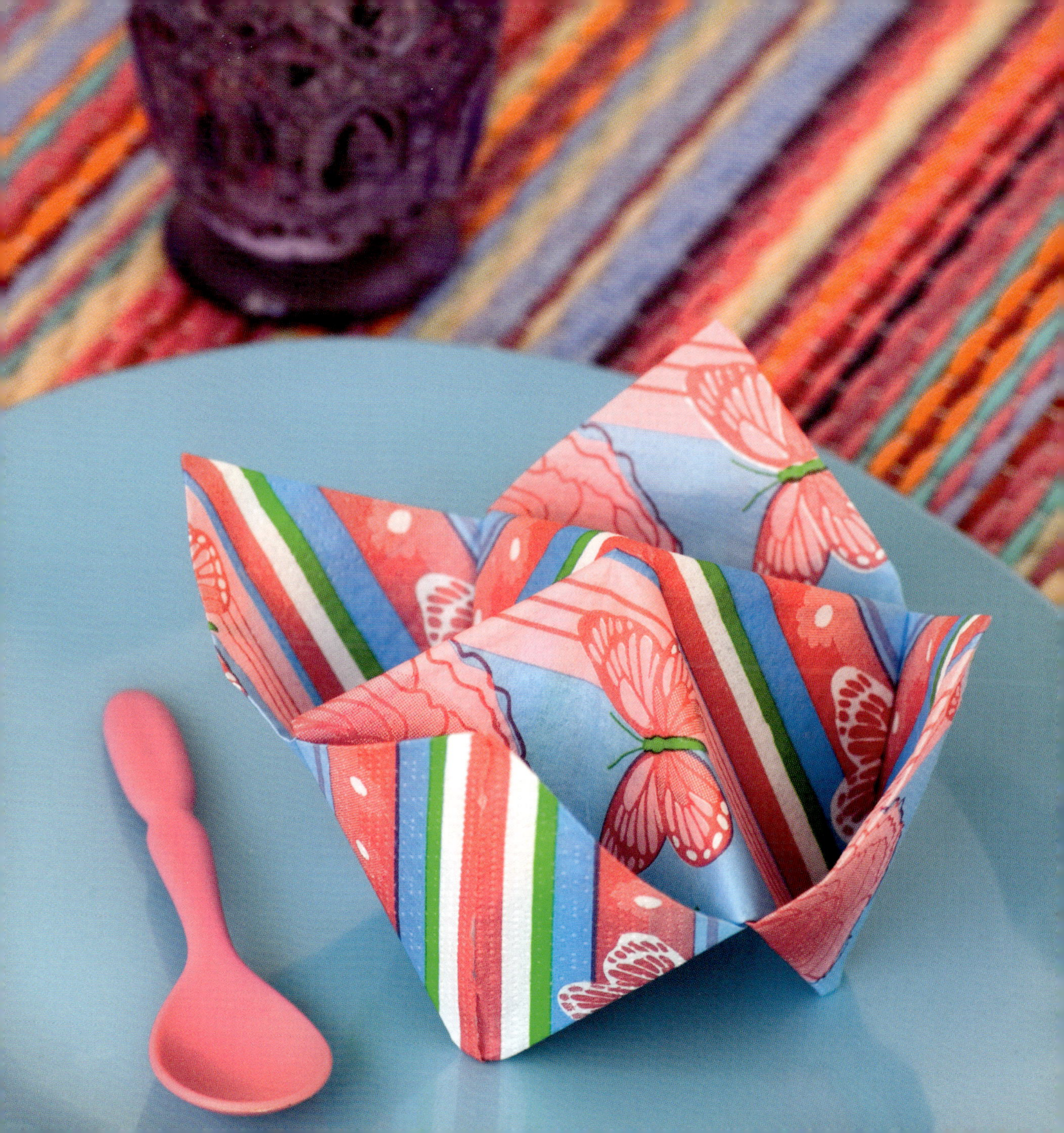

DIFFICULTÉ : *

La flèche

1 Ouvrez la serviette et disposez-la à plat devant vous, un bord parallèle au bord de la table, puis pliez-la en deux en rabattant la moitié gauche sur la moitié droite. Vous obtenez un rectangle plus haut que large.

2 Rabattez le quart supérieur du rectangle sur le rectangle. Rabattez ensuite au milieu les angles supérieurs droit et gauche de façon à former une pointe.

3 Rabattez les côtés droit et gauche du rectangle jusqu'au milieu, en gardant la pointe légèrement ouverte pour faciliter le pliage.

4 Retournez sur l'autre face la serviette pliée.

SERVIETTES EN PAPIER * PLATEAU REPAS * 40

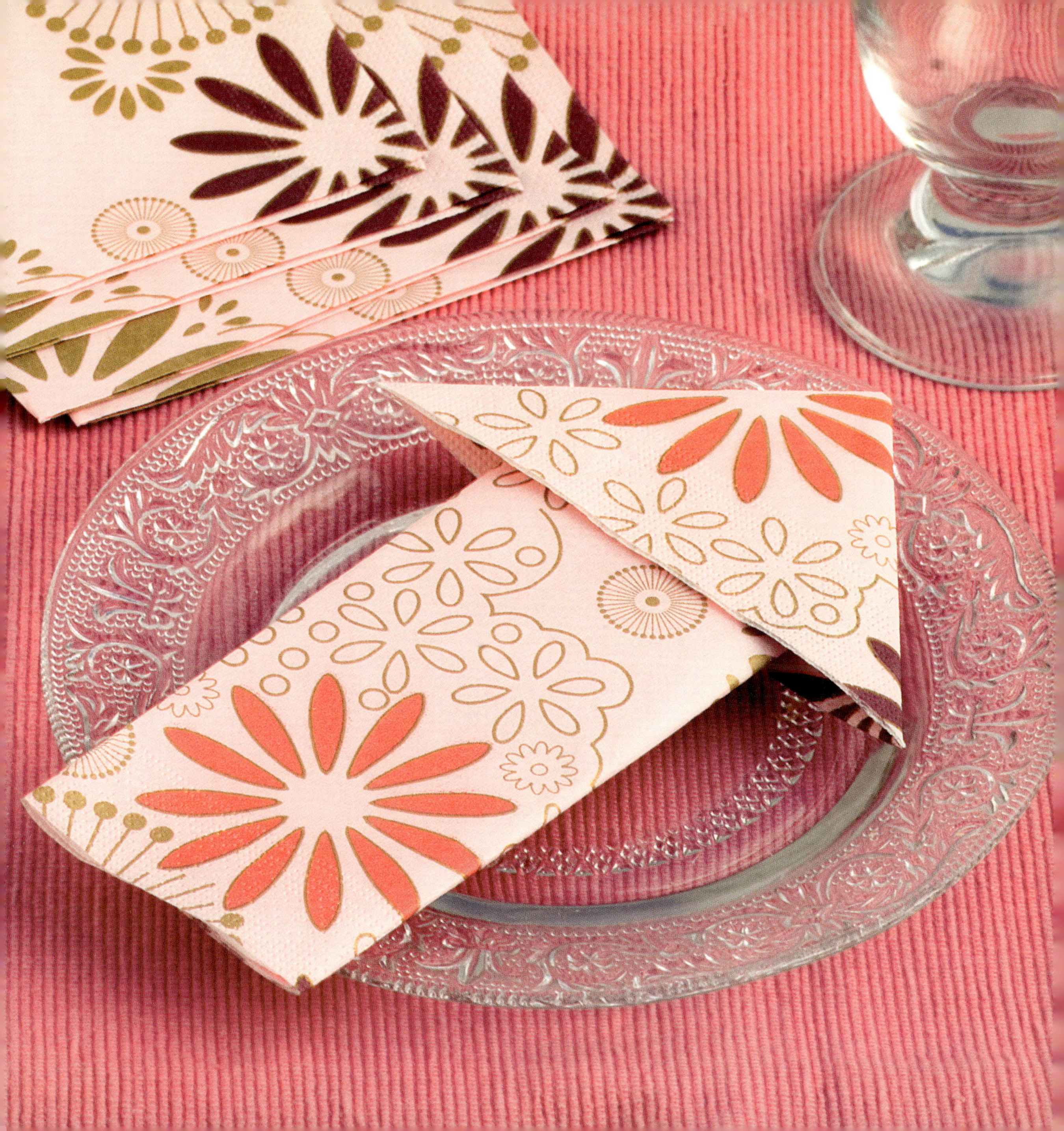

DIFFICULTÉ : * *

Le voilier

1 Gardez la serviette pliée en quatre et posez-la sur une table, une pointe vers vous, les plis ouverts dirigés vers le bas. Pliez la serviette en deux, en remontant la pointe inférieure sur la pointe supérieure. Vous obtenez un triangle.

2 Rabattez le côté droit du triangle sur sa médiane, puis le côté gauche.

3 Repliez les deux pointes du bas vers l'arrière de façon à obtenir deux triangles sur le dessus.

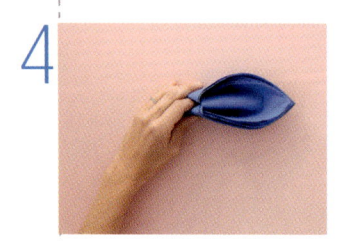

4 Pliez la serviette en deux en rabattant la base de chaque triangle l'une contre l'autre. Relevez les pointes vers le haut afin de hisser les voiles.

SERVIETTES EN PAPIER * DÎNER AUX CHANDELLES * 42

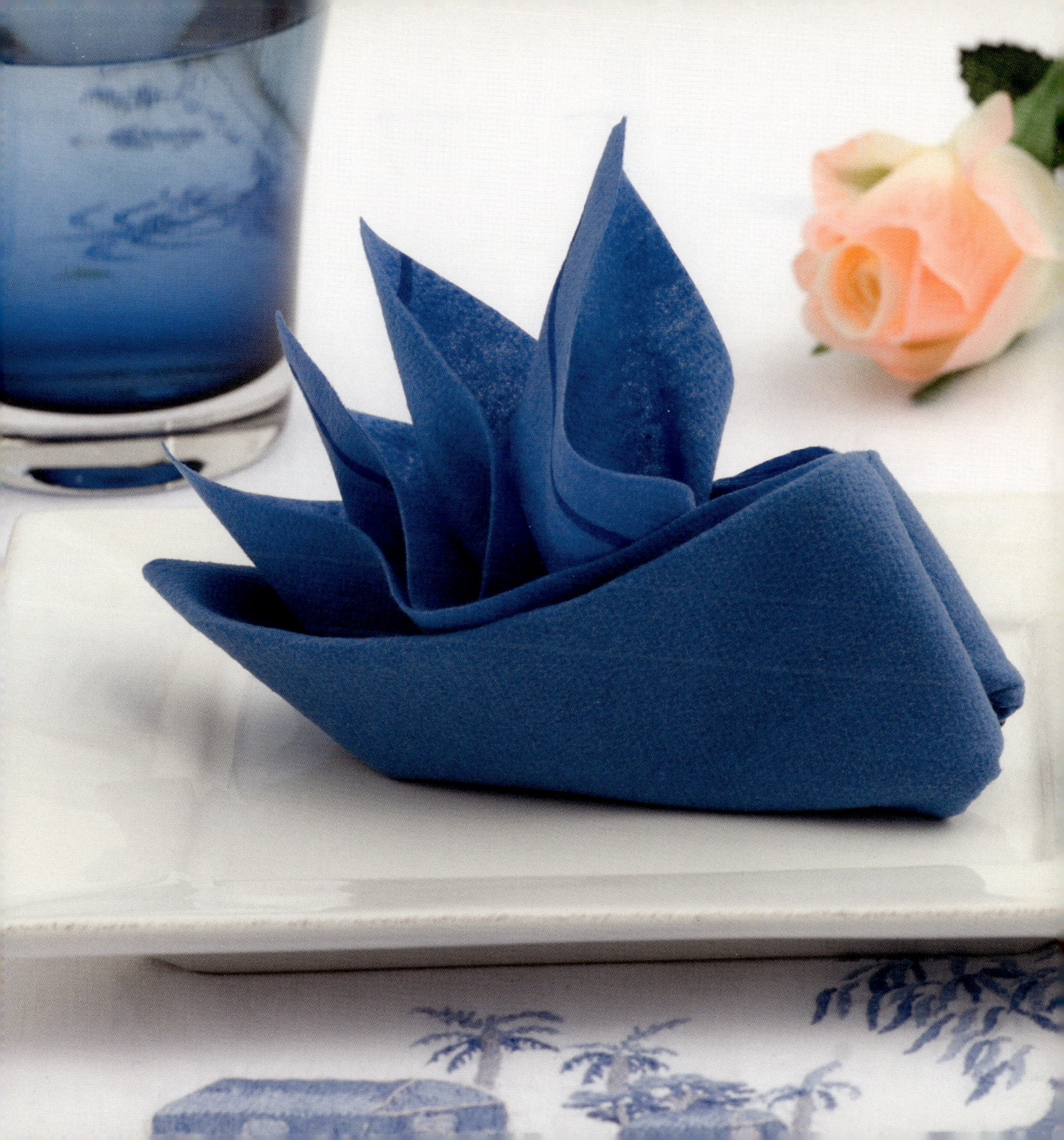

DIFFICULTÉ : *

Le pistil

1

Posez l'une sur l'autre deux serviettes de même taille pliées en quatre, les pointes ouvertes dirigées vers le haut, la serviette du dessus légèrement décalée par rapport à celle du dessous.

2

Ramenez les angles droits et gauches des deux serviettes vers le centre.

3

Rabattez le bas du pliage sur le haut, à quelques centimètres des bords supérieurs.

4

Enroulez les côtés vers le centre et glissez les serviettes pliées dans un verre.

Astuce

Vous pouvez réaliser ce pliage avec une seule serviette, bien sûr.

SERVIETTES EN PAPIER * DÎNER AUX CHANDELLES * 44

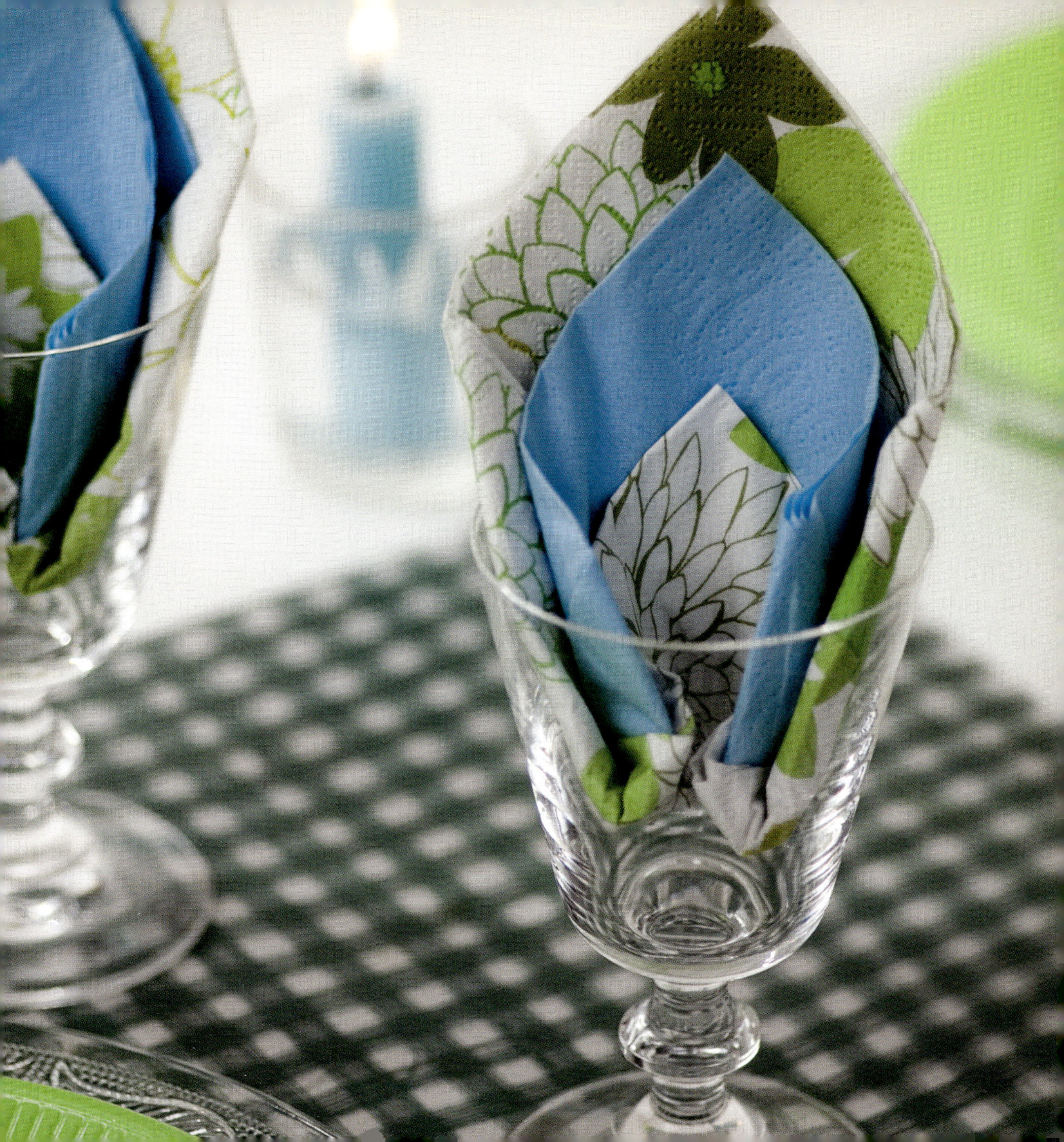

DIFFICULTÉ : ✻

Le cœur

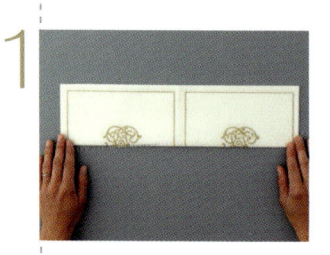

1 Ouvrez la serviette et disposez-la à plat devant vous, un bord parallèle au bord de la table. Pliez-la en deux en rabattant le haut sur le bas, puis à nouveau en deux en rabattant le bas sur le haut. Vous obtenez un rectangle plus long que large.

2 Formez une pointe à gauche en rabattant les angles.

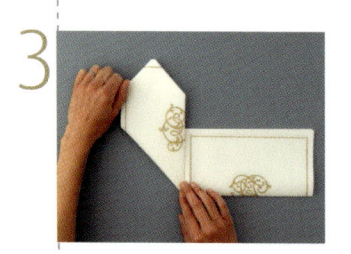

3 Pliez la bande en deux pour marquer le pli vertical du centre puis remettez-la à plat.
Rabattez le côté gauche vers le haut, en l'alignant sur le pli vertical.

4 Répétez les étapes 2 et 3 pour mettre en forme le côté droit. Il ne vous restera plus ensuite qu'à rabattre le haut du cœur sur l'envers pour lui donner une forme un peu plus arrondie.

SERVIETTES EN PAPIER ✻ DÎNER AUX CHANDELLES ✻ 46

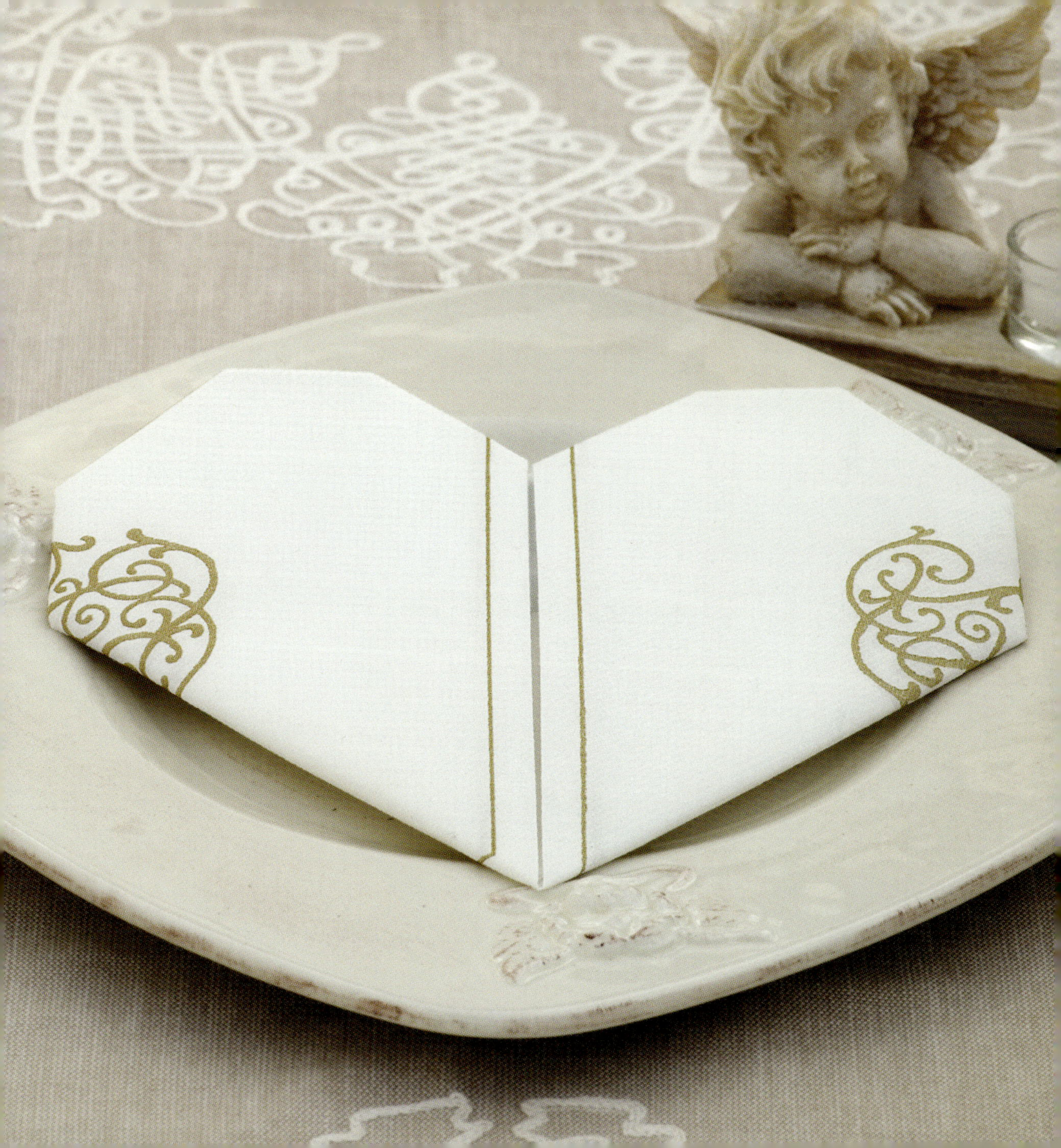

DIFFICULTÉ * * *

Le chausson de lutin

1
Ouvrez la serviette et disposez-la à plat devant vous, un bord parallèle au bord de la table. Pliez-la en deux en rabattant le bas sur le haut, puis à nouveau en deux. Vous obtenez un rectangle plus long que large.

2
Pliez le rectangle en deux pour marquer le pli vertical du centre puis remettez-le à plat. Rabattez le côté droit vers le bas, en l'alignant sur le pli vertical, puis faites de même avec le côté gauche. Vous obtenez une pointe dirigée vers le haut.

3
Rabattez le côté droit de la pointe sur la ligne verticale, puis le côté gauche, de façon qu'ils soient bien bord à bord. Vous obtenez un triangle.

4
Repliez les deux parties du triangle l'une sur l'autre afin de cacher les nombreuses pliures à l'intérieur. Vous obtenez l'avant du chausson en pointe et l'arrière formé de deux parties.

5
Repliez vers le haut la première partie de l'arrière du chausson, en l'alignant sur la démarcation avec la pointe.

6
Ramenez la deuxième partie sur celle que vous venez de plier et glissez son extrémité dans l'avant du chausson.

SERVIETTES EN PAPIER * GOÛTER D'ANNIVERSAIRE * 48

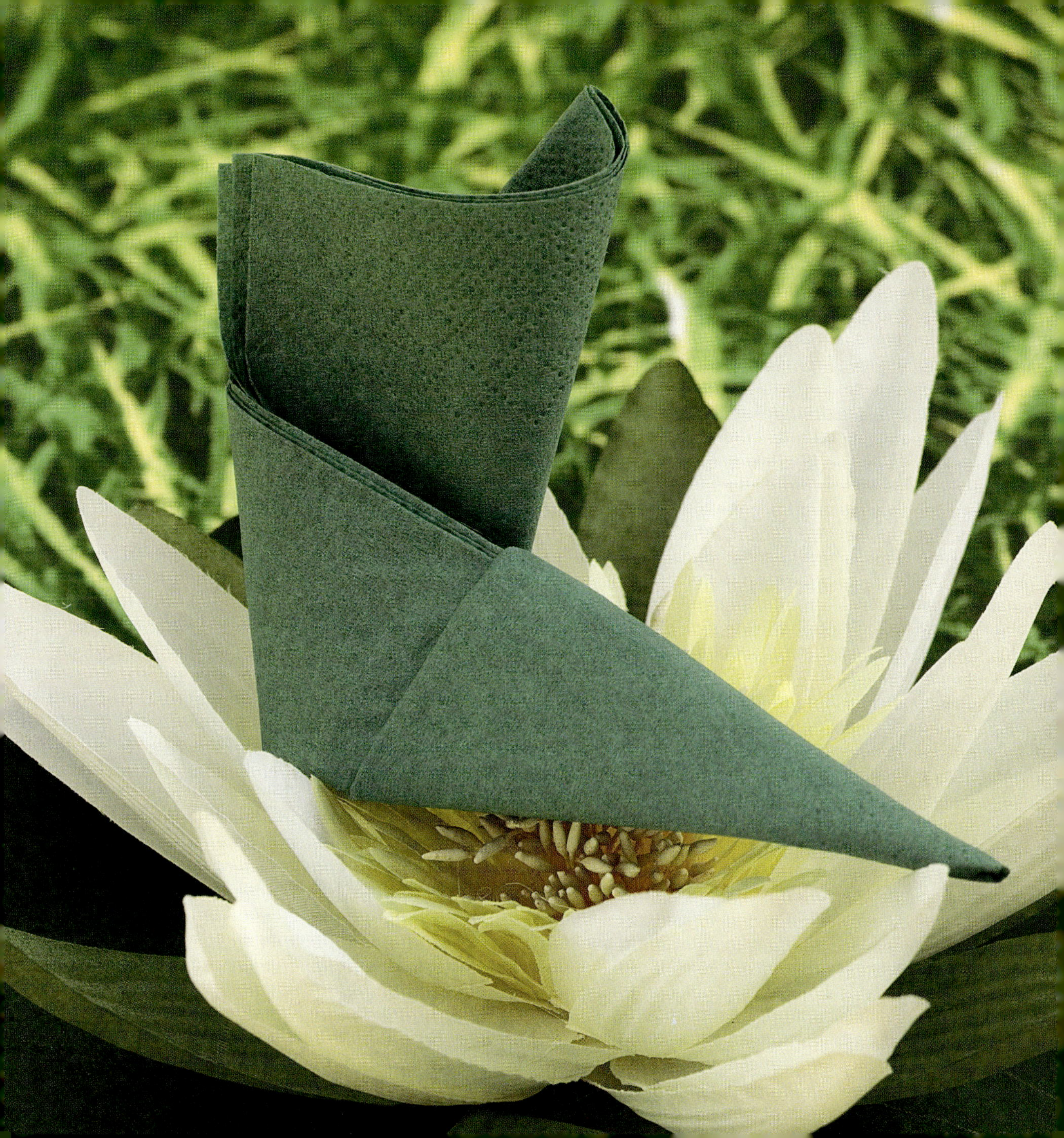

DIFFICULTÉ : * *

Le taureau

1 Ouvrez la serviette et disposez-la à plat, une pointe vers vous. Pliez-la en deux en rabattant la pointe inférieure sur la pointe supérieure pour obtenir un triangle.

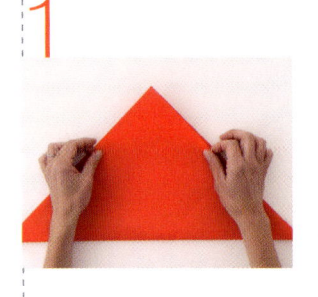

2 Roulez le triangle sur un quart de sa hauteur en partant du bas.

3 Rabattez la partie gauche sur la serviette, de façon à former un triangle avec un angle aigu en bas.

4 Rabattez la partie droite en vis-à-vis, puis retournez le pliage sur l'autre face.

*** Astuce ***
Vous pouvez rendre le taureau plus réaliste en dessinant des yeux sur la serviette ou en collant des gommettes..

SERVIETTES EN PAPIER * GOÛTER D'ANNIVERSAIRE * 50

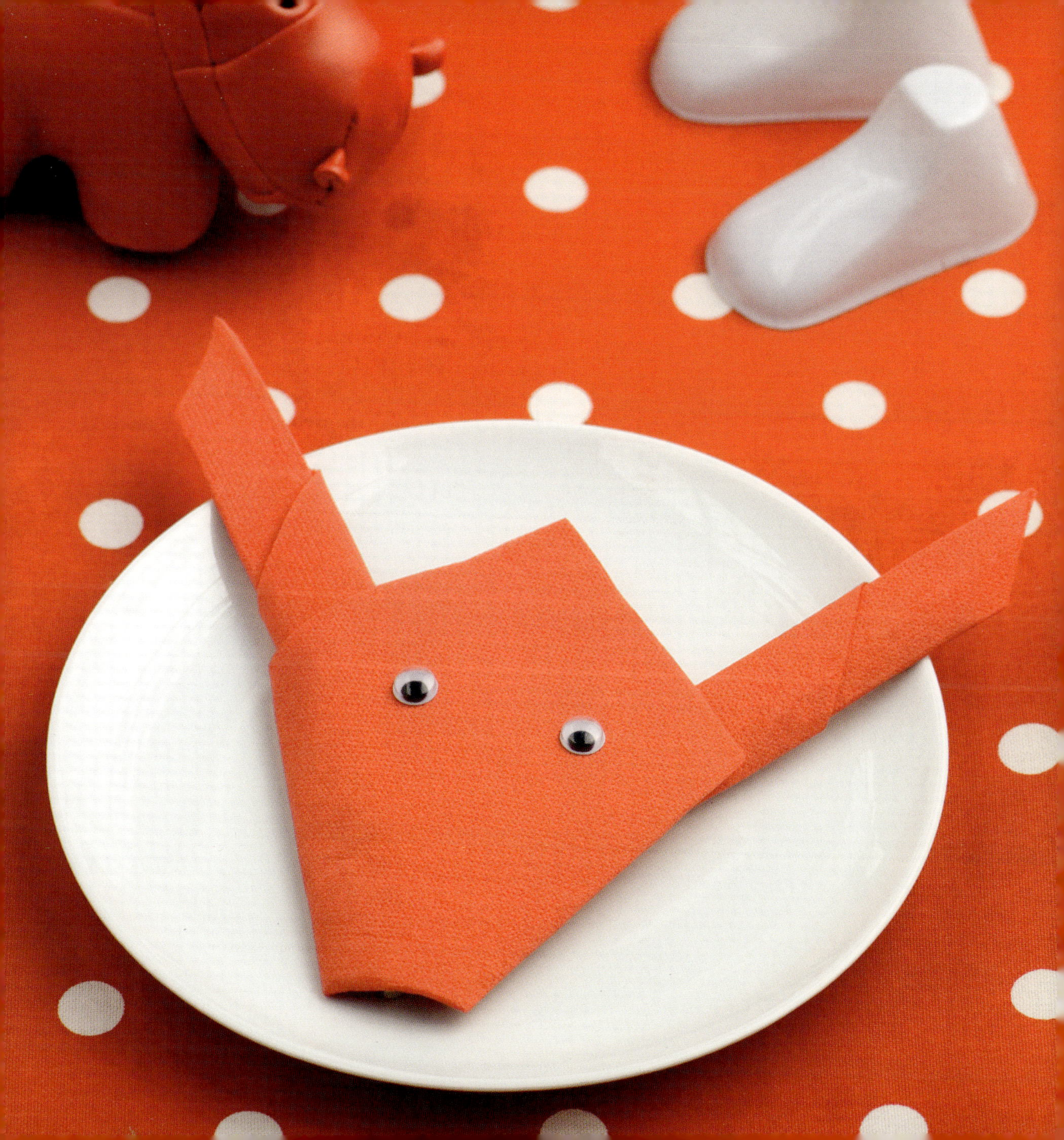

DIFFICULTÉ : * * *

Le bonhomme

1. Ouvrez la serviette et disposez-la à plat devant vous, un bord parallèle au bord de la table. Pliez-la en rabattant le bas et le haut jusqu'au centre.

2. Rabattez les quatre pointes vers l'extérieur en suivant les diagonales partant du centre.

3. Faites pivoter la serviette d'un quart de tour, puis enroulez la partie inférieure jusqu'au centre. Appuyez sur le rouleau pour qu'il reste en place, puis enroulez la partie supérieure de la même manière.

4. Faites à nouveau pivoter d'un quart de tour et vérifiez bien l'enroulement des deux boudins, qui doivent être symétriques.

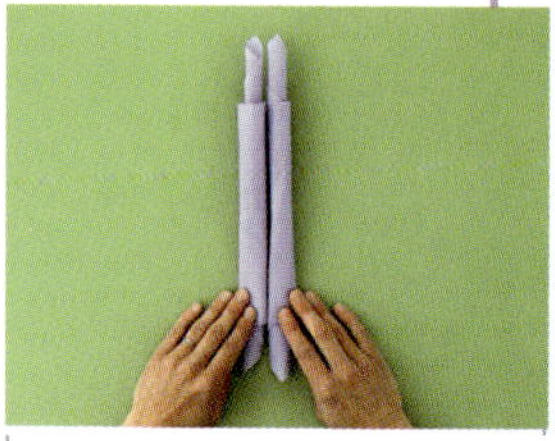

5. Retournez le pliage sur l'autre face et rabattez le tiers supérieur vers l'avant. Ajustez la position des bras afin de former un bonhomme.

Astuce

Glissez derrière le pliage une cuillère en bois pour faire la tête ou faites fabriquer une jolie tête en pâte à modeler à vos enfants.

SERVIETTES EN PAPIER * GOÛTER D'ANNIVERSAIRE * 52

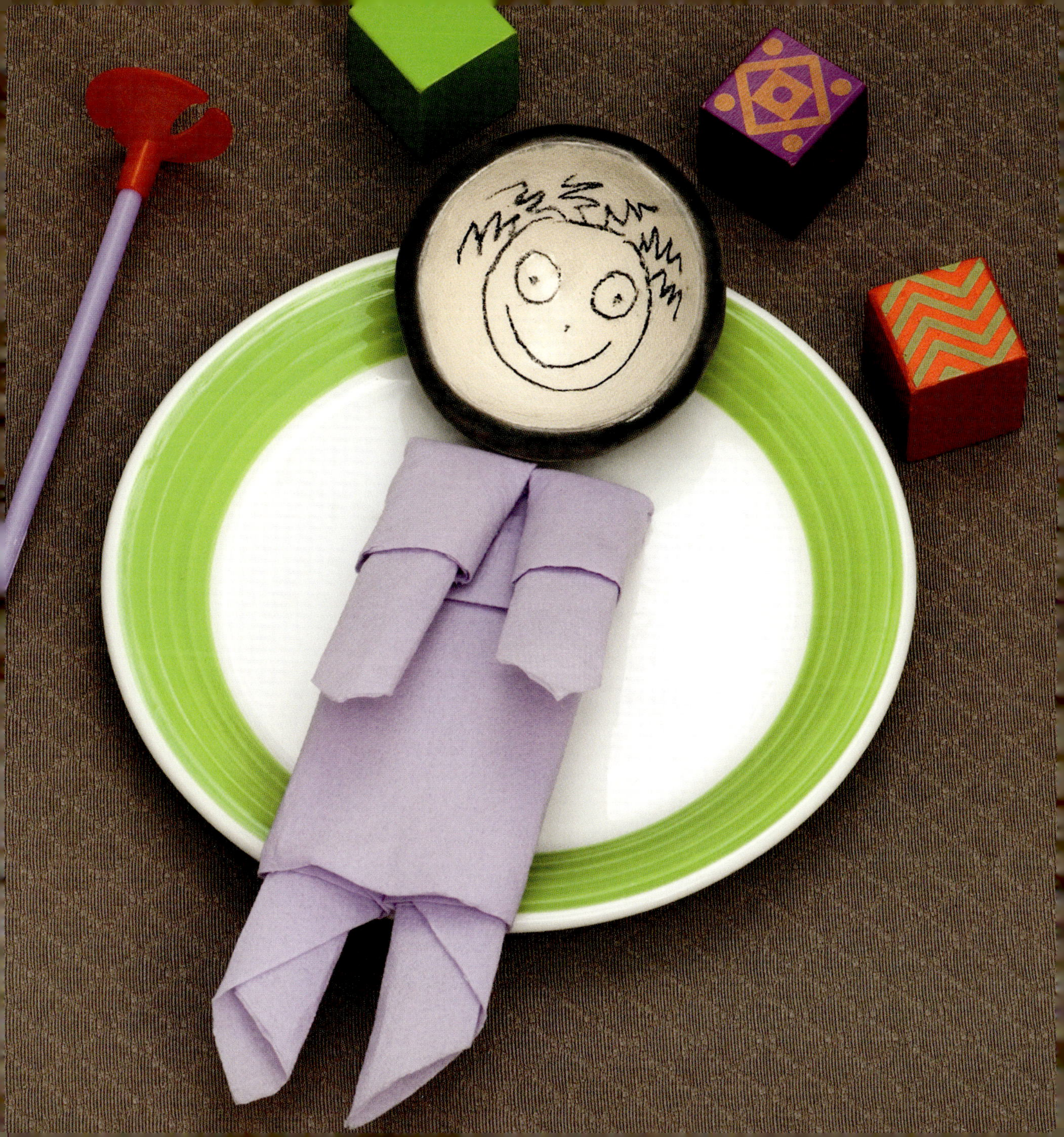

DIFFICULTÉ : **

La grenouille

1
Ouvrez la serviette et disposez-la à plat devant vous, un bord parallèle au bord de la table. Pliez-la en trois en rabattant le tiers supérieur sur le tiers inférieur. Vous obtenez un rectangle plus long que large.

2
Pliez le rectangle en deux pour marquer le pli vertical du centre puis remettez-le à plat. Rabattez le côté gauche vers le haut, en l'alignant sur le pli vertical, puis le côté droit. Vous obtenez une pointe dirigée vers le bas.

3
Pliez la partie triangulaire de gauche en deux, en rabattant son angle supérieur gauche sur la pointe de la flèche.

4
Faites de même avec la partie triangulaire de droite, en rabattant l'angle supérieur droit sur la pointe de la flèche.

5
Marquez bien les plis et rabattez sur le pliage les rectangles verticaux.

6
Retournez le pliage sur l'autre face et posez la grenouille sur ses pattes.

Astuce
Pour donner du volume à la grenouille, vous pouvez placer un Chamallow sous le carré afin que les pattes s'ouvrent, et ajouter deux Smarties pour les yeux. Elle est prête à bondir !

SERVIETTES EN PAPIER * GOÛTER D'ANNIVERSAIRE * 54

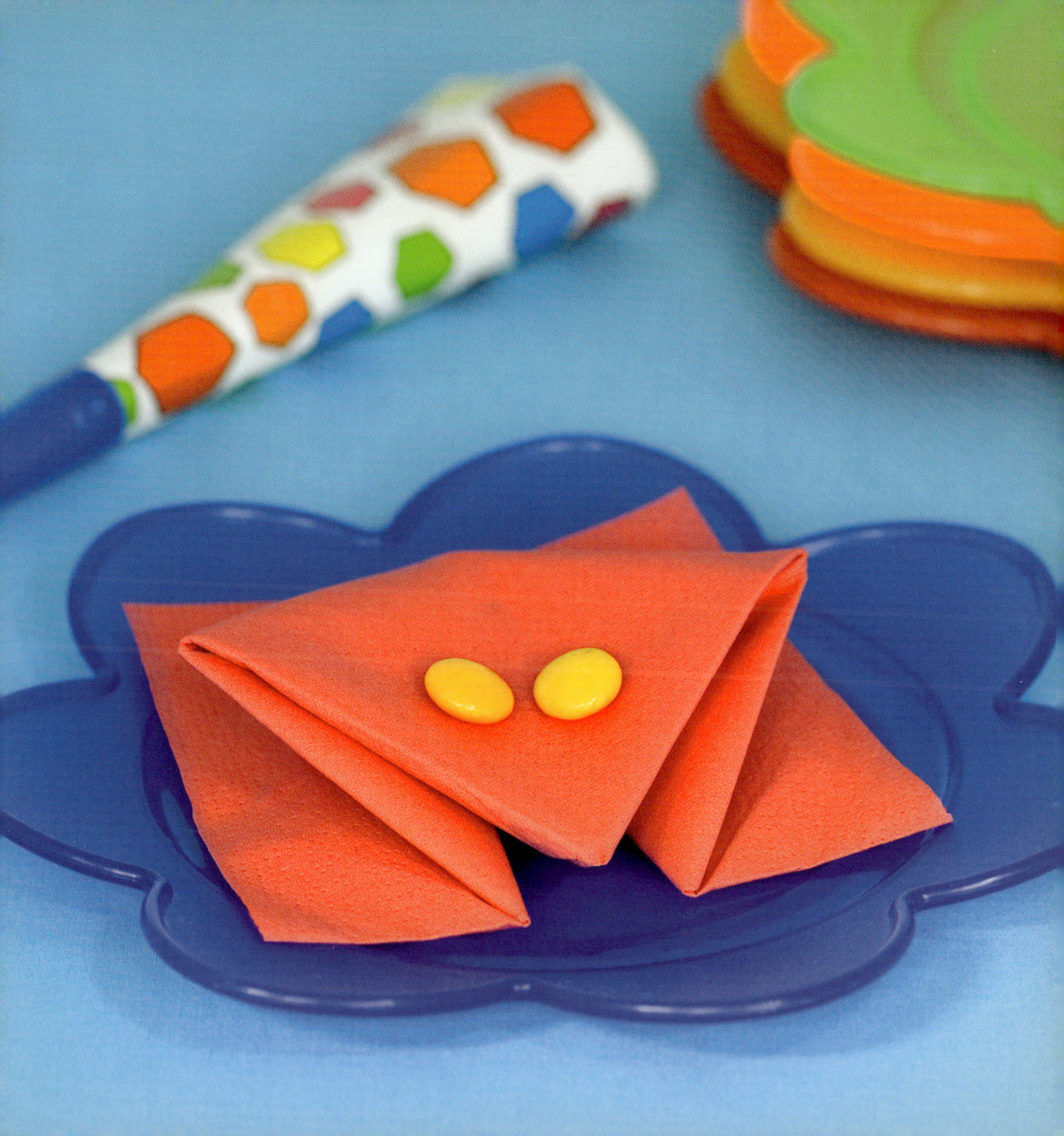

DIFFICULTÉ : *

La pièce montée

1 Posez la serviette à plat, une pointe vers vous, envers sur le dessus, puis enroulez-la en commençant par une pointe de façon à obtenir une bande de 5 cm de largeur environ.

2 Enroulez cette bande en décalant légèrement l'enroulement pour que le centre ressorte en haut.

3 Retournez le pliage en appuyant sur le centre et en le faisant ressortir de l'autre côté et coincez les extrémités de la serviette dans le pliage.

Astuce
En roulant moins serré la bande vous obtiendrez un pliage plus aéré.

SERVIETTES EN TISSU * BAPTÊME ET COMMUNION * 56

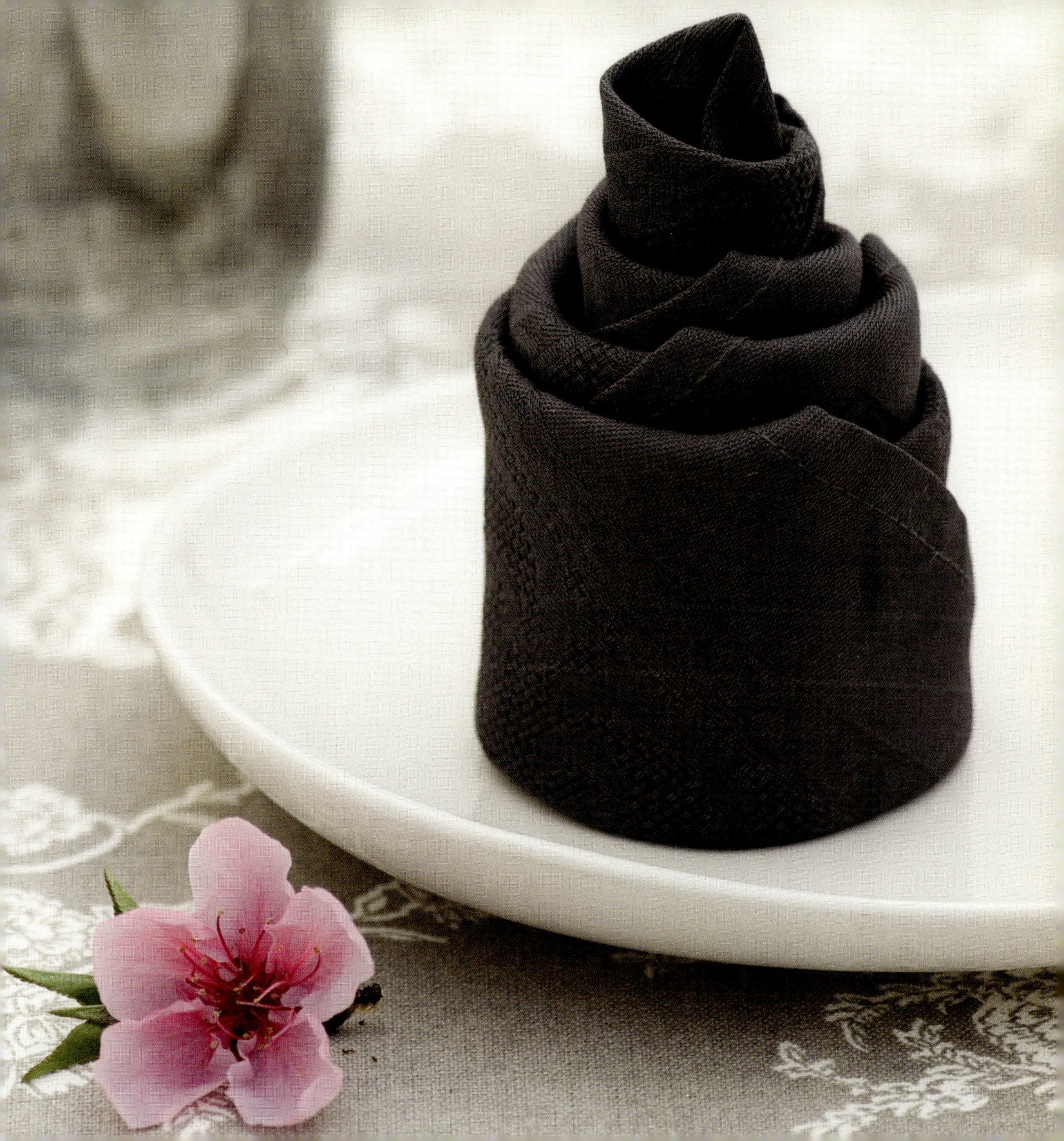

DIFFICULTÉ : **

La croix

1 — Posez la serviette à plat, une pointe vers vous, envers sur le dessus, et rabattez les quatre angles au centre. Vous obtenez un carré.

2 — Retournez la serviette sur l'autre face en la maintenant bien et rabattez de nouveau les quatre angles au centre.

3 — Retournez encore la serviette et répétez l'opération.

4  — Retournez la serviette et rabattez les quatre volets de tissu vers l'extérieur en ouvrant bien les côtés pour former des rectangles.

5 — Une fois les quatre volets retournés, vous obtenez une croix. Il ne vous reste plus qu'à la retourner sur l'autre face.

Astuce

Vous pouvez glisser en son centre une boule de pain ou une surprise !

SERVIETTES EN TISSU * BAPTÊME ET COMMUNION * 58

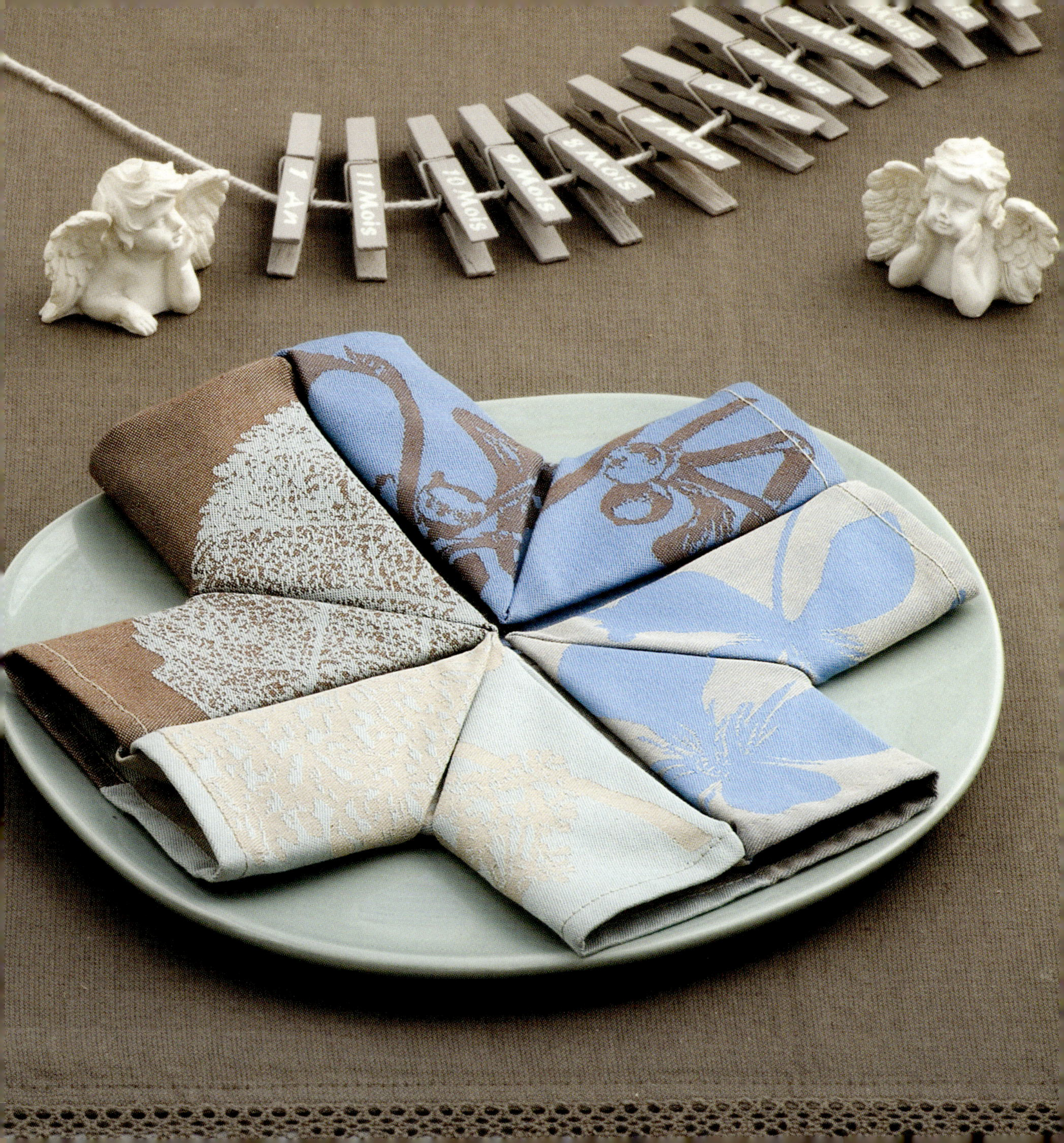

1 An
11 Mois
10 Mois
9 Mois
8 Mois
7 Mois
6 Mois
5 Mois
4 Mois

DIFFICULTÉ : *

La bougie

1. Posez la serviette à plat, une pointe vers vous, envers sur le dessus, et pliez-la en deux en rabattant la pointe inférieure sur la pointe supérieure pour obtenir un triangle.

2. Rabattez la pointe supérieure vers le bas jusqu'au bord inférieur.

3. Pliez la partie supérieure sur le tiers de la hauteur.

4.  Repliez le tout en deux. Vous obtenez un ruban.

5. Rabattez le côté gauche à angle droit.

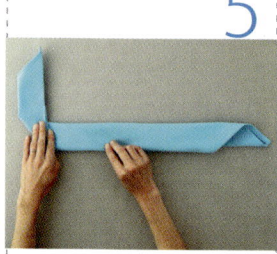

6. Enroulez à partir de la gauche sur toute la longueur du ruban en serrant. Coincez l'extrémité de la serviette dans le pliage, à la base, afin de le maintenir en place.

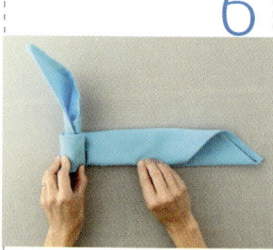

SERVIETTES EN TISSU * BAPTÊME ET COMMUNION * 60

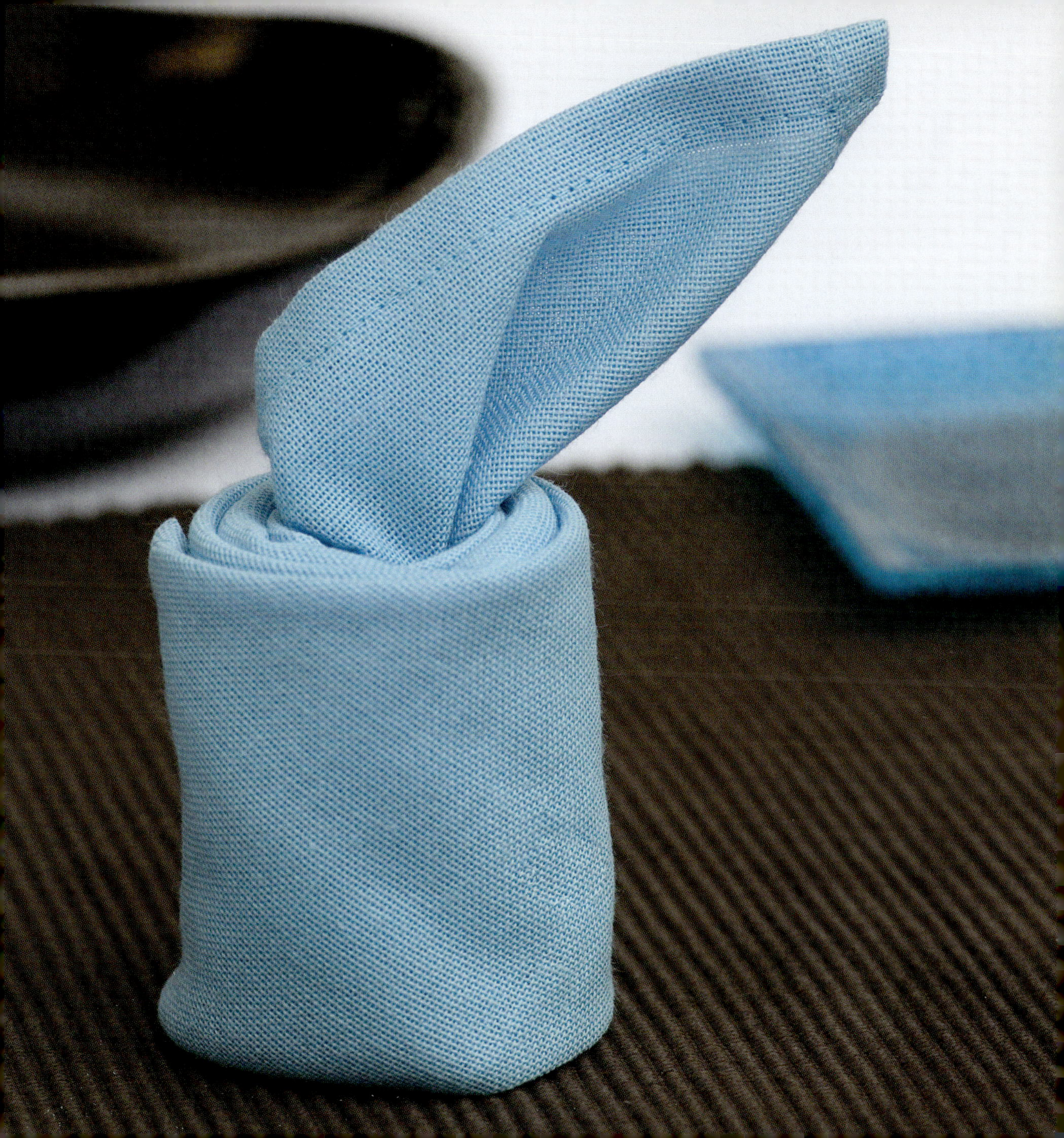

DIFFICULTÉ : *

La chandelle

1

Posez la serviette à plat, une pointe vers vous, envers sur le dessus, et pliez-la en deux en rabattant la pointe inférieure sur la pointe supérieure pour obtenir un triangle.

3

Retournez la serviette sur l'autre face et enroulez-la serrée de gauche à droite.

2

Repliez le bas du triangle pour former un pli d'environ 4 cm.

4

Rentrez l'extrémité droite dans le revers, et posez la chandelle debout.

Astuce

Vous pouvez replier un coin de la pointe du haut pour donner l'impression d'une flamme vacillante.

SERVIETTES EN TISSU * FIANÇAILLES * 62

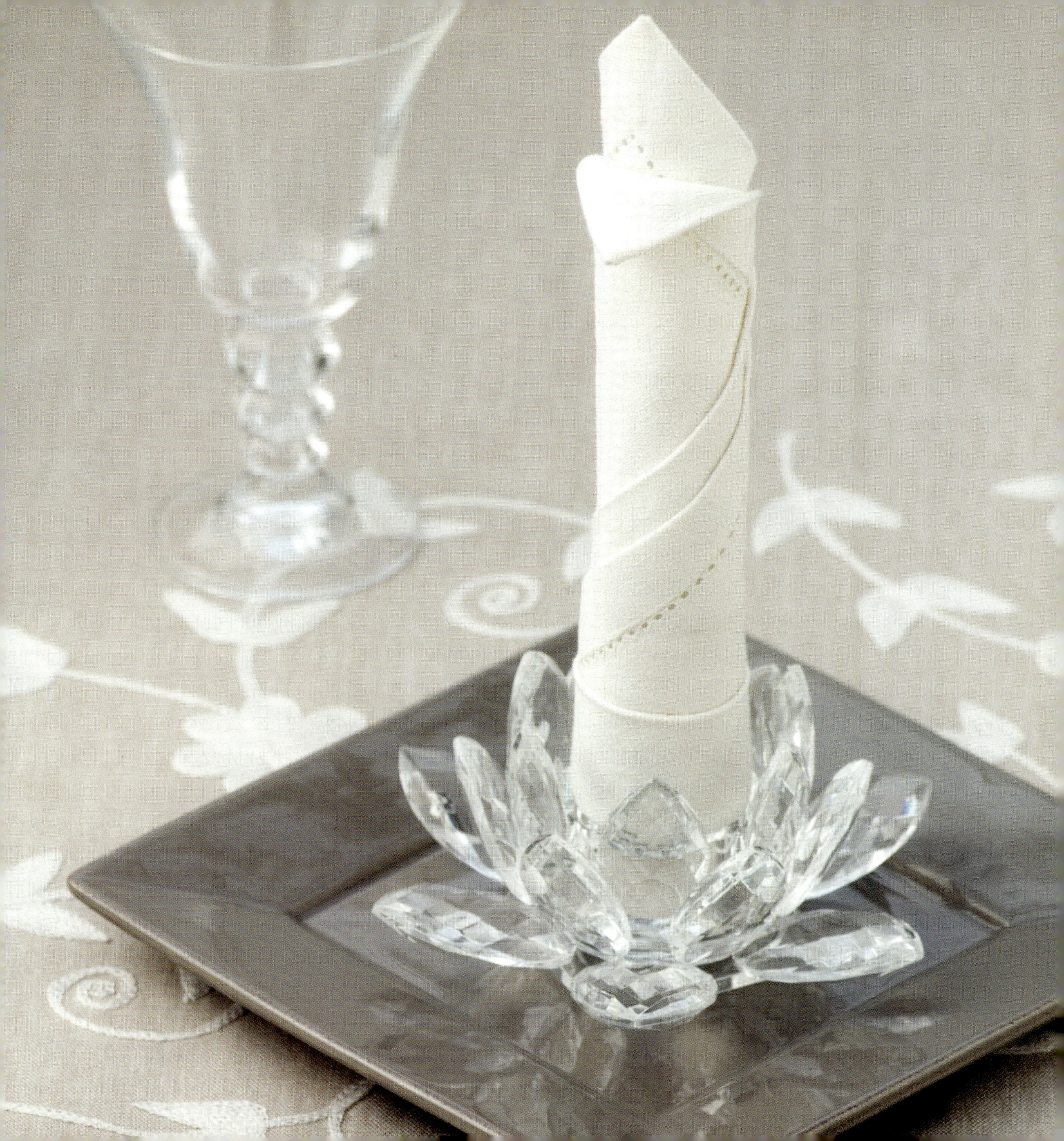

DIFFICULTÉ : **

Le lotus

1 Posez la serviette à plat, une pointe vers vous, envers sur le dessus, et rabattez les quatre angles au centre. Vous obtenez un carré.

2 Rabattez de nouveau les quatre angles au centre.

3 Retournez la serviette sur l'autre face et rabattez les quatre angles au centre, sans les faire se toucher.

4 En maintenant le pliage d'une main au milieu, saisissez de l'autre un coin de la serviette sous un angle et tirez délicatement dessus pour le faire remonter.

5 Procédez de la même manière pour les quatre angles, en mettant bien en forme le tissu à chaque fois.

Astuce

Vous pouvez poser au centre une entrée dans une verrine ou une boule de pain, pour une jolie présentation.

SERVIETTES EN TISSU * FIANÇAILLES * 64

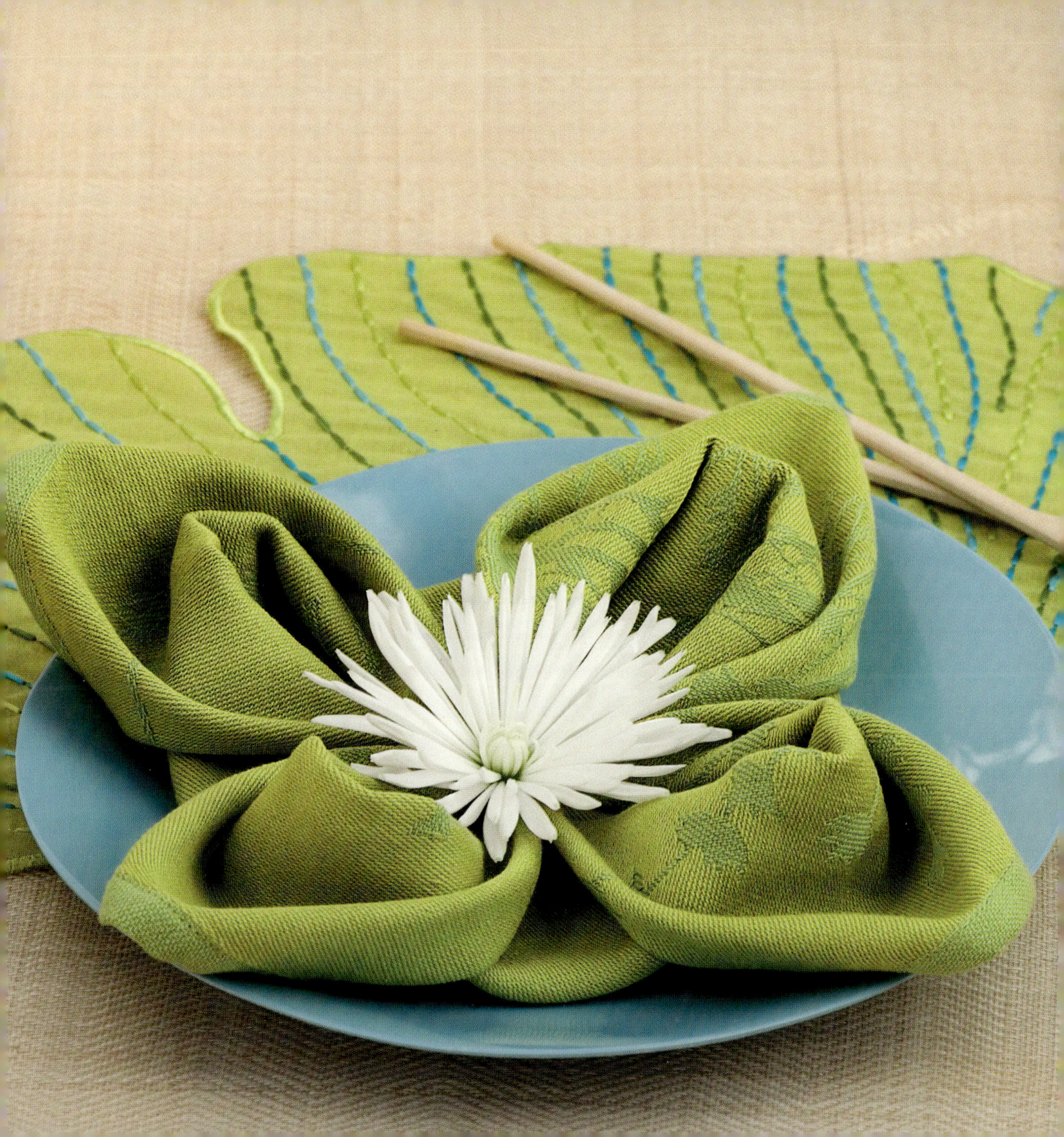

DIFFICULTÉ : ✱ ✱

Le double smoking

1
Posez la serviette à plat devant vous, un bord parallèle au bord de la table et envers sur le dessus, et pliez-la en deux en rabattant le côté gauche sur le côté droit. Vous obtenez un rectangle plus haut que long.

2
Faites deux replis en bas de ce rectangle, puis retournez-le sur l'autre face, les plis en haut.

3
Faites de la même manière deux replis en bas.

4
Rabattez sur le rectangle l'angle droit et l'angle gauche supérieurs de façon à former une pointe.

5
Rabattez le bas du rectangle par-dessus de façon à laisser la pointe dépasser.

6
Répétez l'étape 4 sur la partie que vous venez de rabattre.

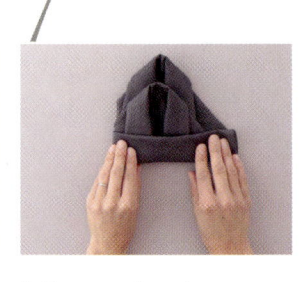

7
Faites un pli en bas, retournez les extrémités de ce pli sur l'envers et coincez-les.

SERVIETTES EN TISSU ✱ FIANÇAILLES ✱ 66

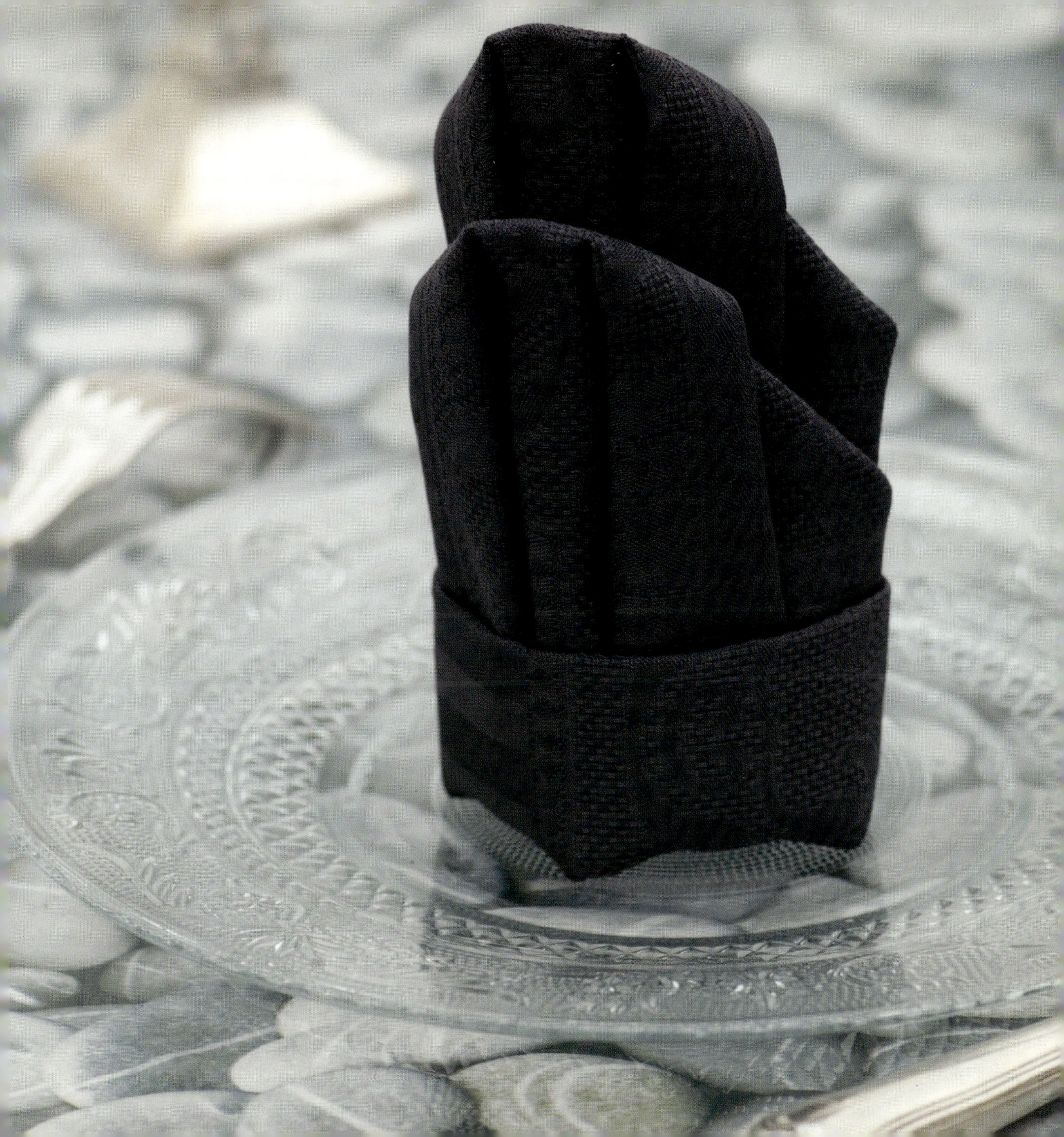

DIFFICULTÉ : ✳

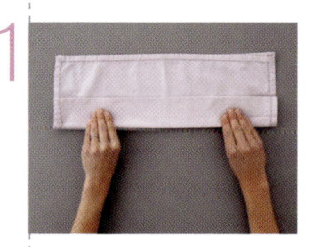

La pyramide

1 Posez la serviette à plat devant vous, un bord parallèle au bord de la table et envers sur le dessus, et pliez-la en deux en rabattant le bas sur le haut. Repliez le bas de façon à former un pli de 4 cm environ. Retournez l'ensemble sur l'autre face.

2 Pliez ce rectangle en deux pour marquer le pli vertical du centre puis remettez-le à plat.
Rabattez le côté droit vers le haut, en l'alignant sur le pli vertical, puis faites de même avec le côté gauche. Vous obtenez une pointe dirigée vers le bas.

3 Pliez la pointe en deux, puis redressez-la et faites-la tenir debout sur les rectangles à sa base.

SERVIETTES EN TISSU ✳ FIANÇAILLES ✳ 68

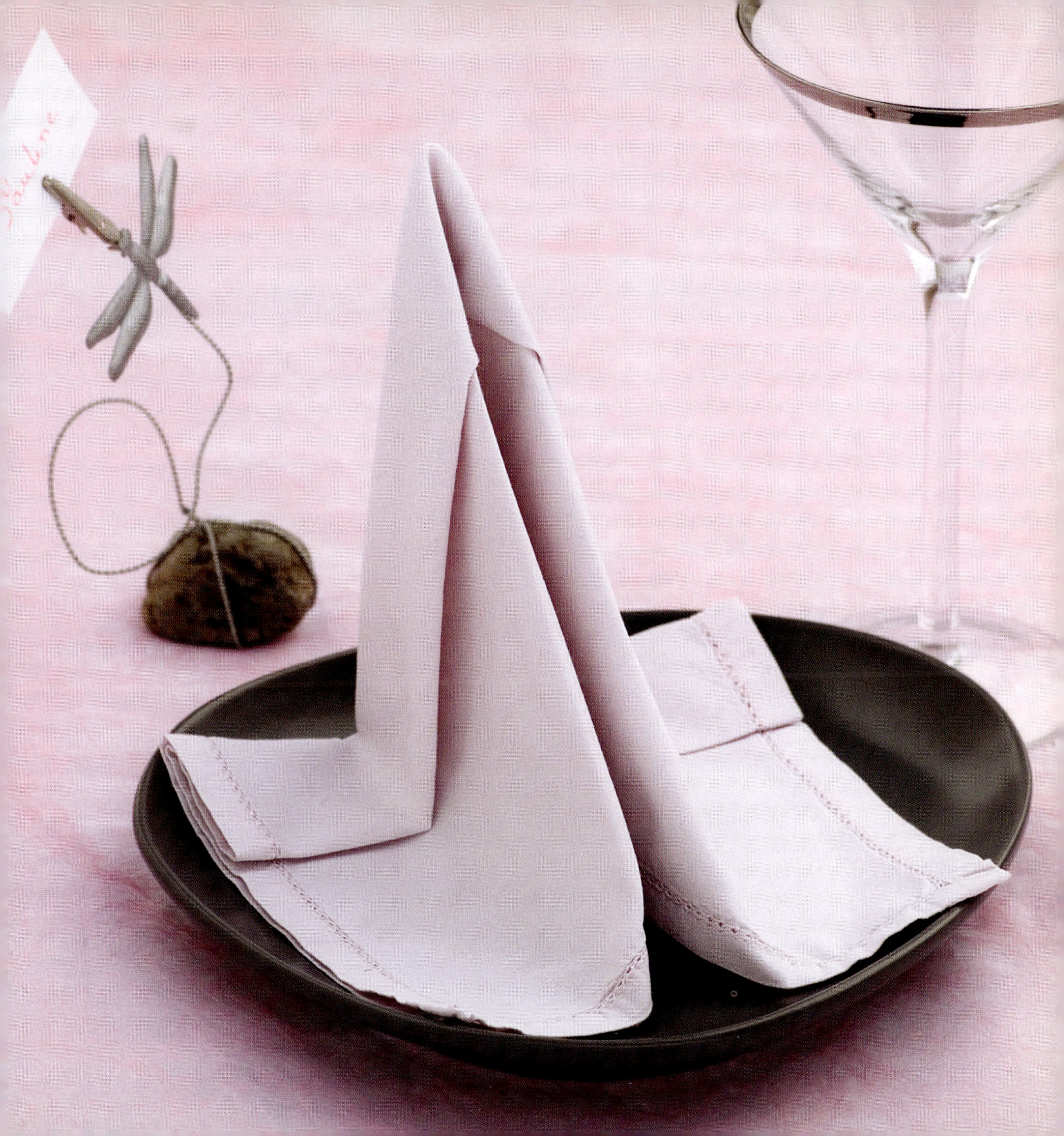

DIFFICULTÉ : ✼ ✼

L'iris

1 Posez la serviette à plat, une pointe vers vous, envers sur le dessus, et pliez-la en deux en rabattant la pointe inférieure sur la pointe supérieure pour obtenir un triangle.

2 Rabattez l'angle gauche sur la pointe supérieure.

3 Rabattez l'angle droit sur la pointe supérieure. Vous obtenez un losange.

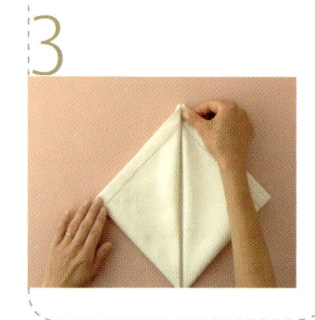

4  Rabattez le quart inférieur de la serviette sur le losange, puis repliez-le de façon à ramener la pointe en bas.

5 Retournez le pliage sur l'autre face et glissez l'extrémité de droite dans celle de gauche.

6 Retournez le pliage sur l'autre face et mettez-le debout. Rabattez les pointes du haut sur les côtés et glissez-les dans le pli en dessous.

Astuce

Vous pouvez glisser une fleur dans ce pliage, comme s'il s'agissait d'un vase.

SERVIETTES EN TISSU ✼ MARIAGE ✼ 70

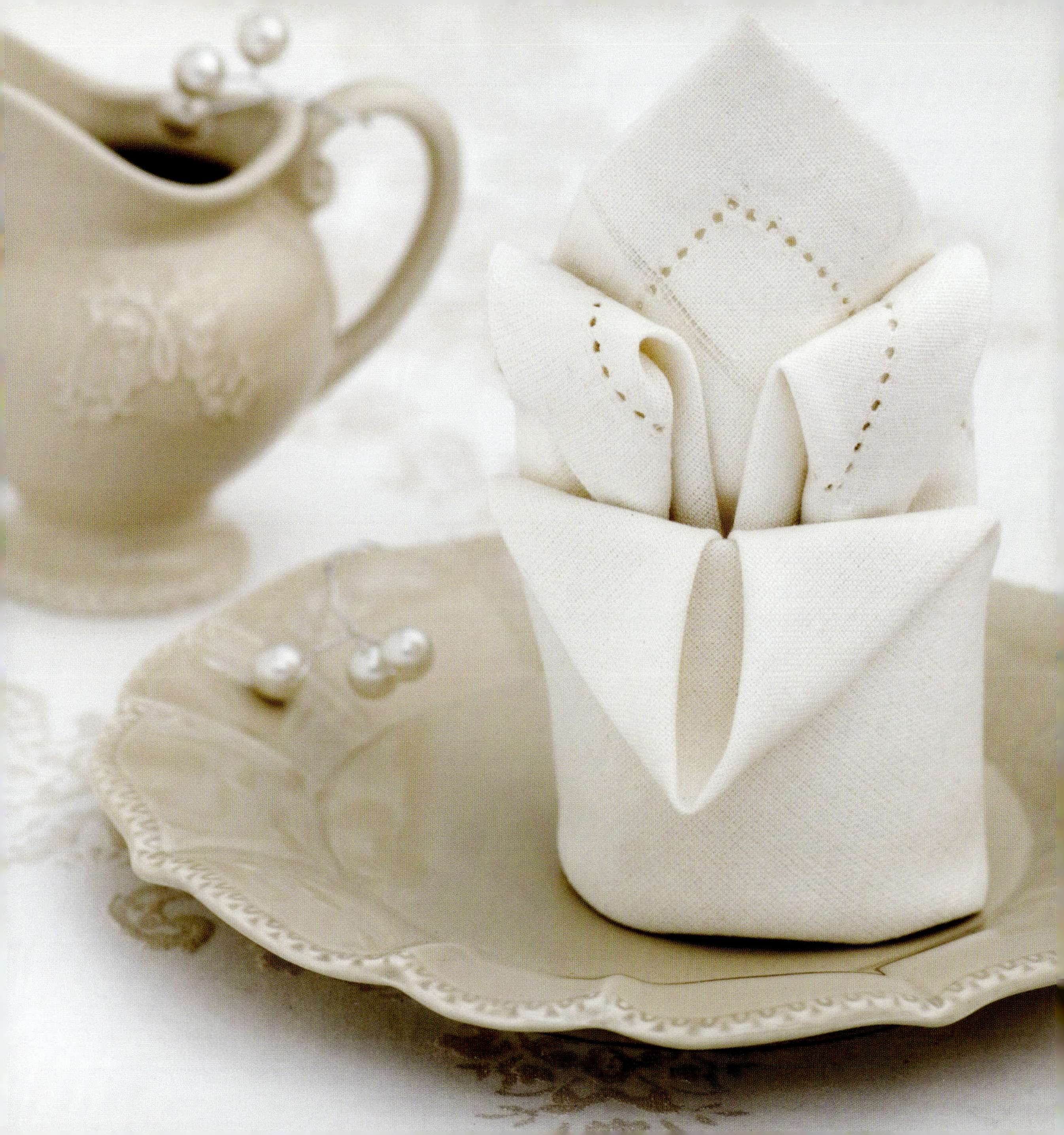

DIFFICULTÉ ✷✷

La corbeille

1 Posez la serviette à plat devant vous, un bord parallèle au bord de la table et envers sur le dessus, et pliez-la en deux en rabattant le bas sur le haut.

2 Rabattez les angles à droite et à gauche afin de former une pointe de chaque côté.

3 Rabattez les deux pointes au centre, puis retournez la serviette sur l'autre face.

4 Rabattez les angles au centre.

5 Retournez le pliage sur l'autre face et mettez-le en forme.

✻✻ **Astuce** ✻

Vous pouvez placer entre les deux pointes un petit cadeau pour vos invités.

SERVIETTES EN TISSU ✷ MARIAGE ✷ 72

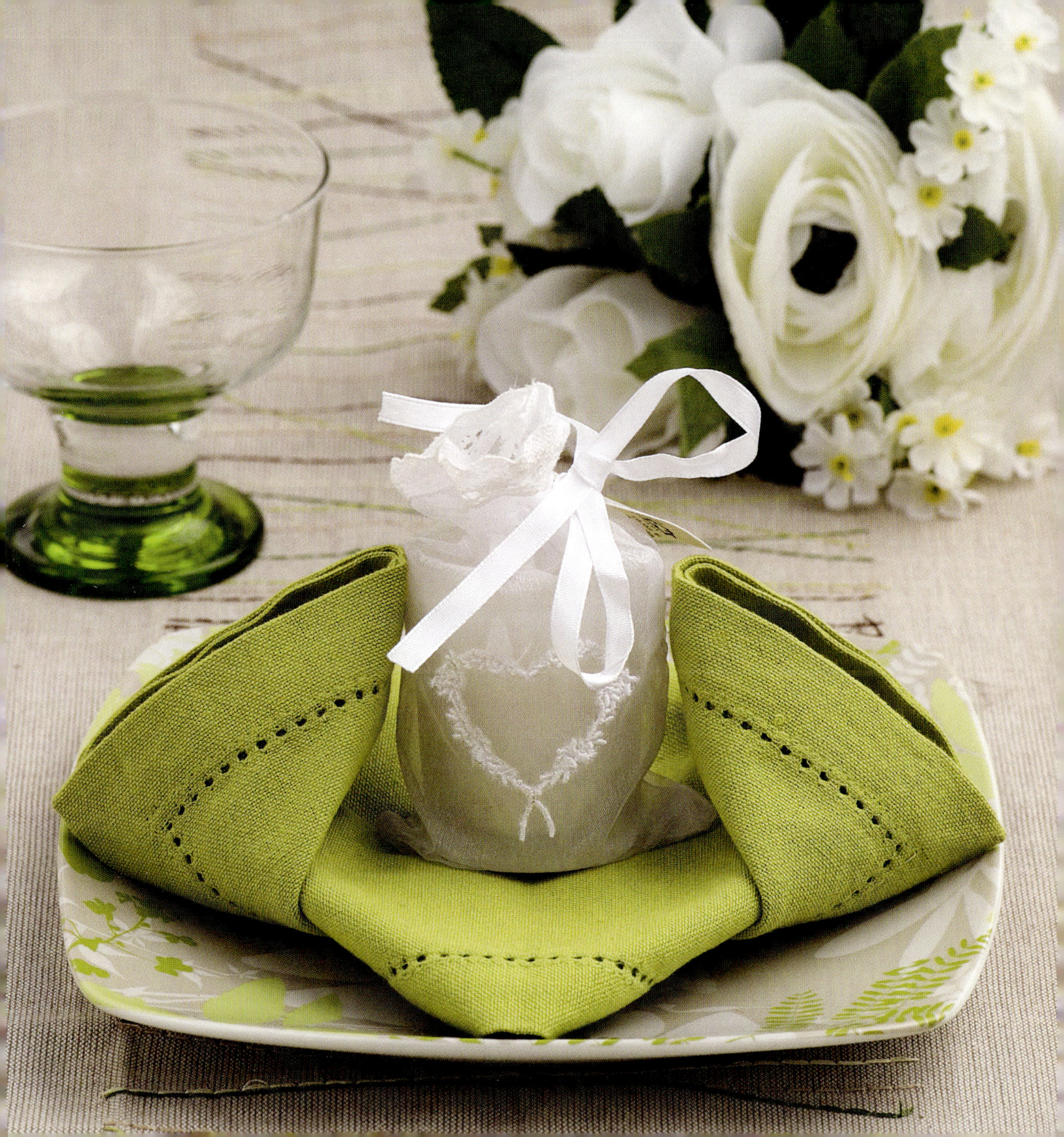

DIFFICULTÉ : ✱ ✱

Le fourreau

1

Posez la serviette à plat devant vous, un bord parallèle au bord de la table et envers sur le dessus, et pliez-la en deux en rabattant le haut sur le bas. Repliez ensuite en deux le dessus de la serviette.

2

Retournez le pliage sur l'autre face tout en l'inversant de bas en haut. Pliez ce rectangle en deux pour marquer le pli vertical du centre puis remettez-le à plat.

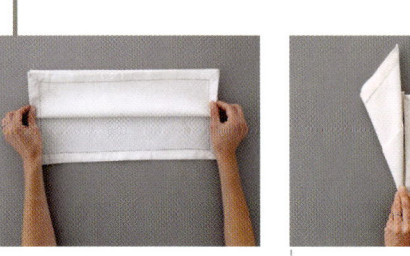

3

Rabattez le côté gauche sur le pli vertical, en veillant à ce que la pointe soit bien formée en bas.

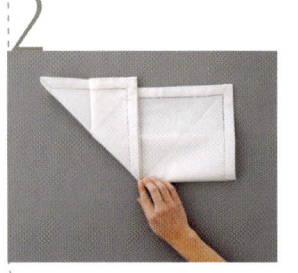

4

Rabattez le côté droit sur le pli vertical, toujours en faisant attention à bien former la pointe.

✱ **Astuce** ✱

Vous pouvez glisser dans chaque poche des couverts ou des fleurs...

SERVIETTES EN TISSU ✱ MARIAGE ✱ 74

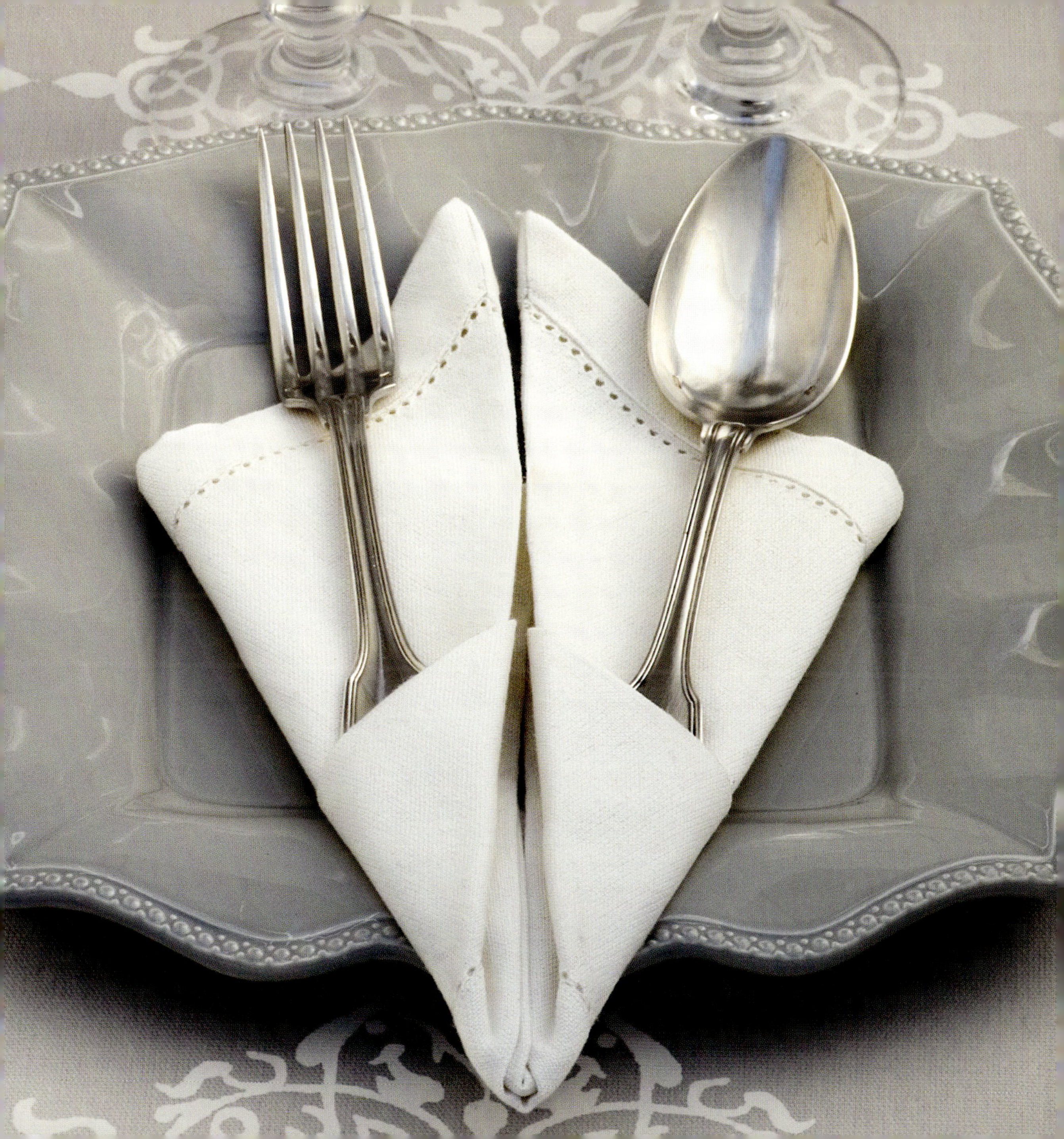

DIFFICULTÉ : * *

La cravate

1 Posez la serviette à plat, une pointe vers vous, envers sur le dessus. Rabattez la partie droite sur la serviette, à cheval sur le milieu.

2 Rabattez le côté gauche jusqu'au rebord droit. Veillez à ce que la pointe en bas soit bien centrée.

3 Tournez le pliage d'un quart de tour vers la droite et rabattez les côtés comme aux étapes précédentes, de façon que la pointe à gauche soit bien centrée.

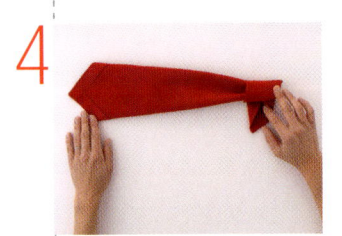

4 Retournez le pliage sur l'autre face. Pour réaliser le nœud de cravate, repliez l'extrémité droite vers l'arrière, entourez-en le haut de la cravate et glissez-la sur l'envers dans le nœud.

SERVIETTES EN TISSU * MARIAGE * 76

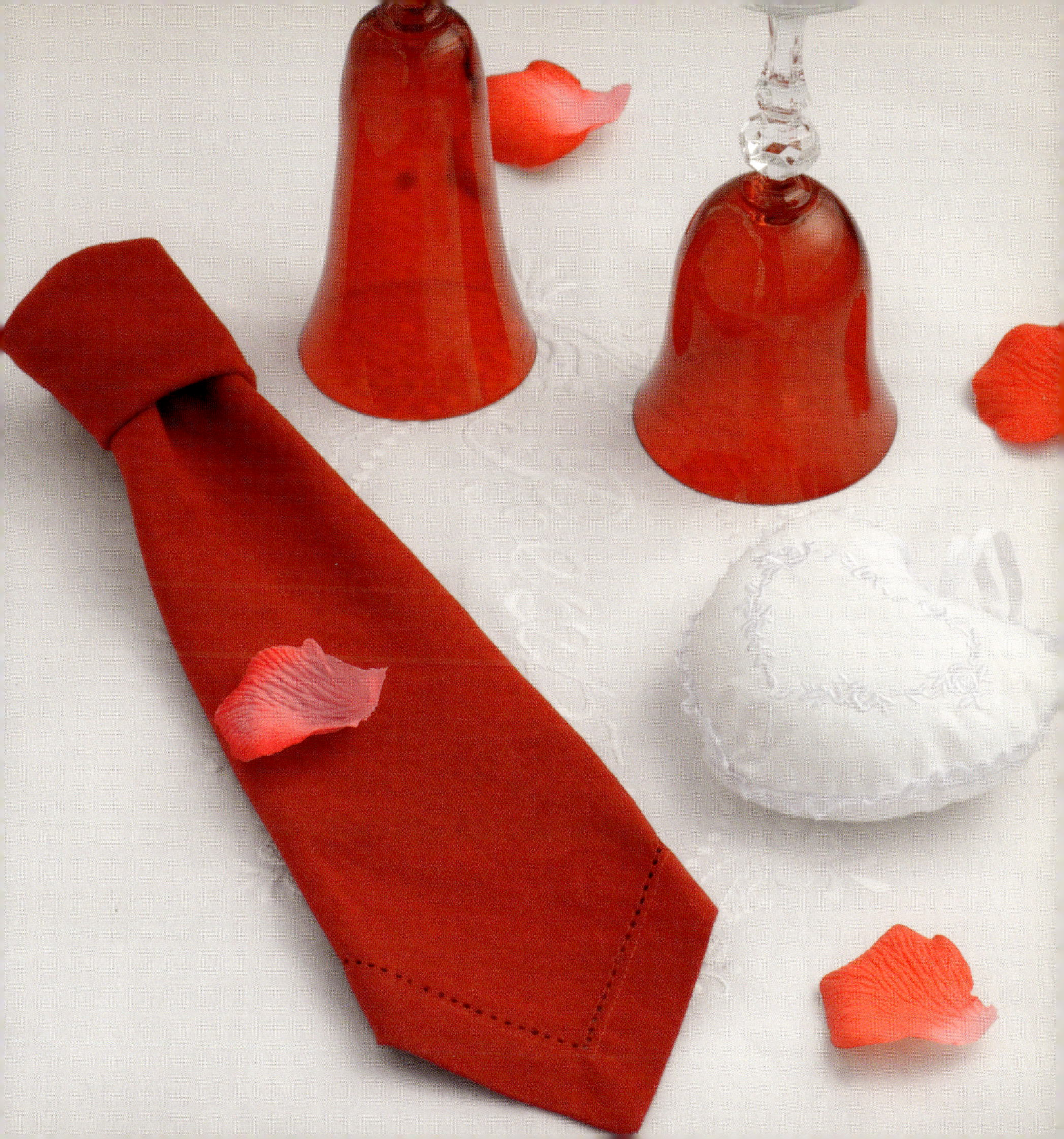

DIFFICULTÉ : *

Le tourbillon

1 Posez la serviette à plat devant vous, un bord parallèle au bord de la table, endroit sur le dessus, et, en pinçant le centre de la serviette entre le pouce et l'index, enroulez le tissu en spirale presque jusqu'aux bords. Aidez-vous de la main gauche pour guider les plis du tissu.

2 Le centre du pliage doit présenter un motif de rose nettement dessiné. Redisposez les plis au besoin.

3 Rentrez les bords de la serviette afin de donner du gonflant à la fleur.

Astuce

Vous pouvez aussi faire ce pliage directement dans l'assiette. Dans ce cas, rentrez les bords de façon que la serviette ne dépasse pas de l'assiette.

SERVIETTES EN TISSU * RÉVEILLON * 78

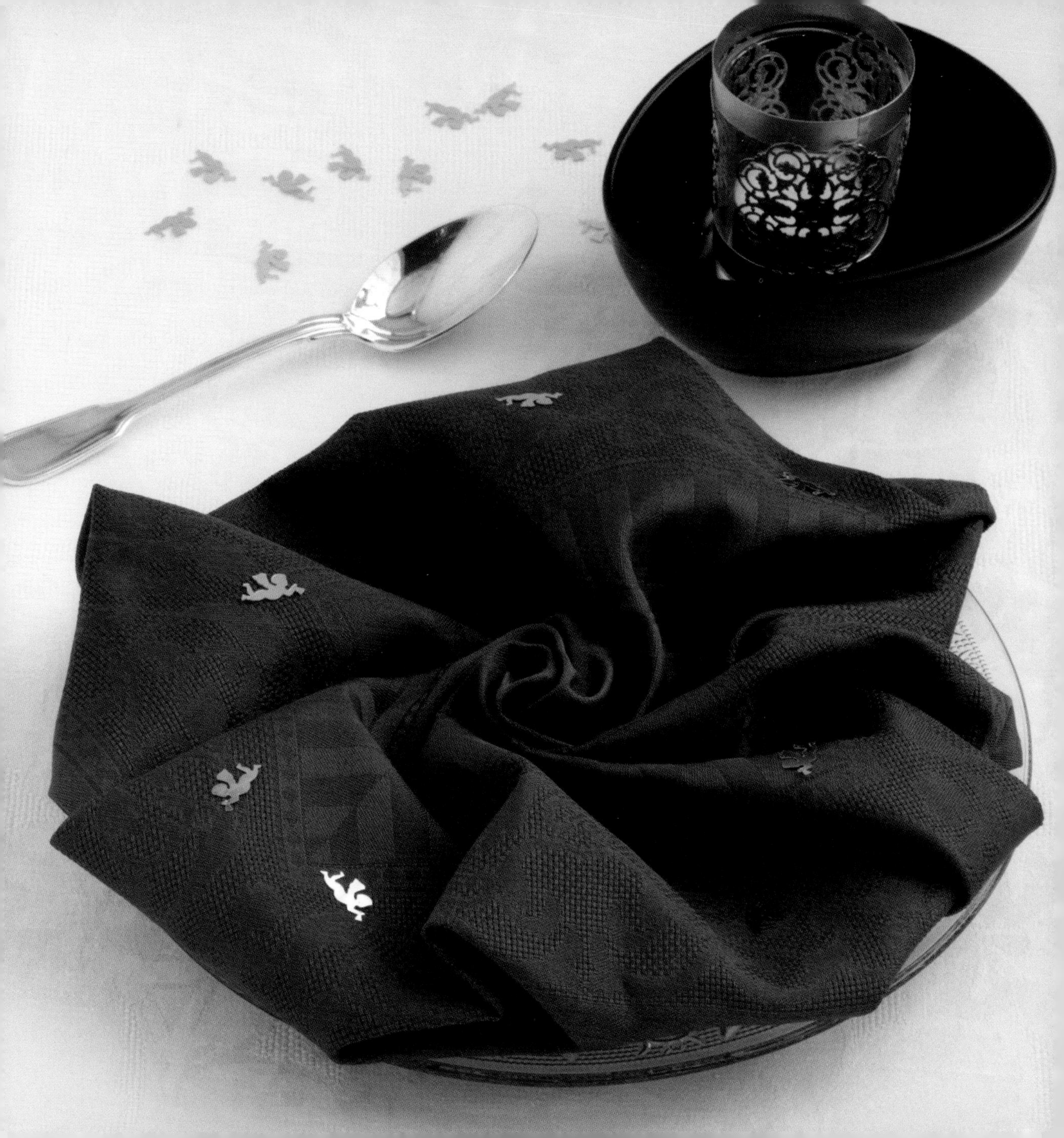

DIFFICULTÉ : * *

L'étoile de mer

1

Posez la serviette à plat, une pointe vers vous, envers sur le dessus, et rabattez les quatre angles au centre.

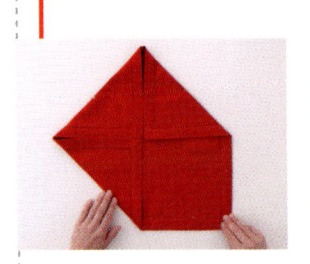

2

Faites faire un quart de tour à la serviette et rabattez à nouveau les quatre angles au centre.

3

Pliez la serviette en deux, en rabattant le haut sur le bas, pour obtenir un rectangle.

4

Rentrez l'angle supérieur droit à l'intérieur, jusqu'au milieu du rectangle, pour former un triangle à droite, puis procédez de la même manière à gauche.

5

Relevez le pliage et mettez-le en forme.

SERVIETTES EN TISSU * RÉVEILLON * 80

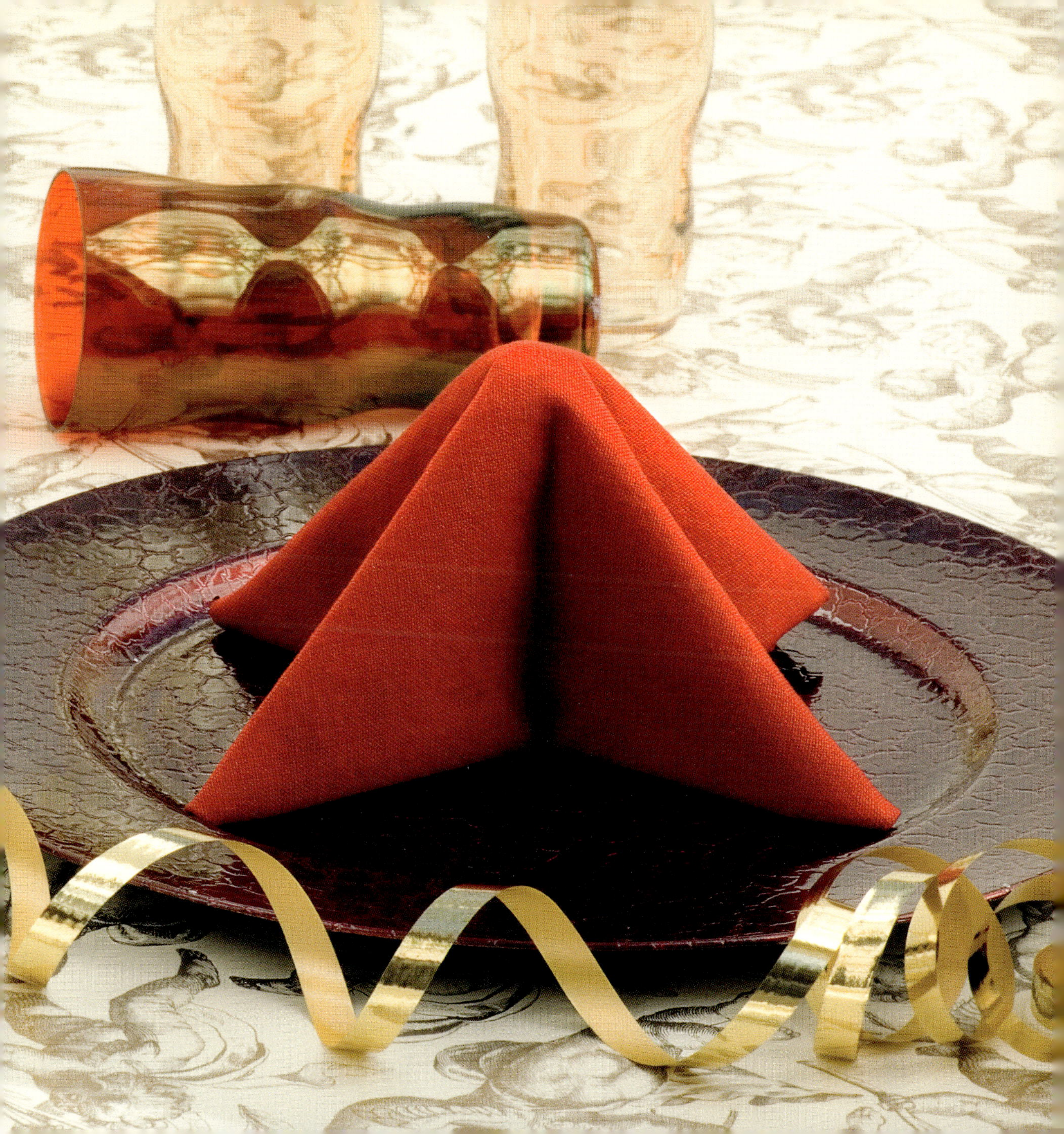

DIFFICULTÉ : ✱ ✱

La fleur de lys

1

Posez la serviette à plat devant vous, un bord parallèle au bord de la table et envers sur le dessus. Ramenez les deux angles supérieurs au centre pour former deux grands triangles puis rabattez-les par-dessus pour former deux petits triangles.

2

Rabattez le bas de la serviette sur le haut, juste au-dessus des deux petits triangles.

3

Rabattez à nouveau le bas de la serviette afin d'obtenir deux bandes égales.

4

Formez un accordéon régulier et symétrique de chaque côté de la serviette en marquant bien les plis.

5

Retournez le pliage sur l'autre face et écartez légèrement ses extrémités en éventail de chaque côté.

✱ Astuce ✱

Vous pouvez disposer ce pliage à plat sur une assiette ou en hauteur dans un verre.

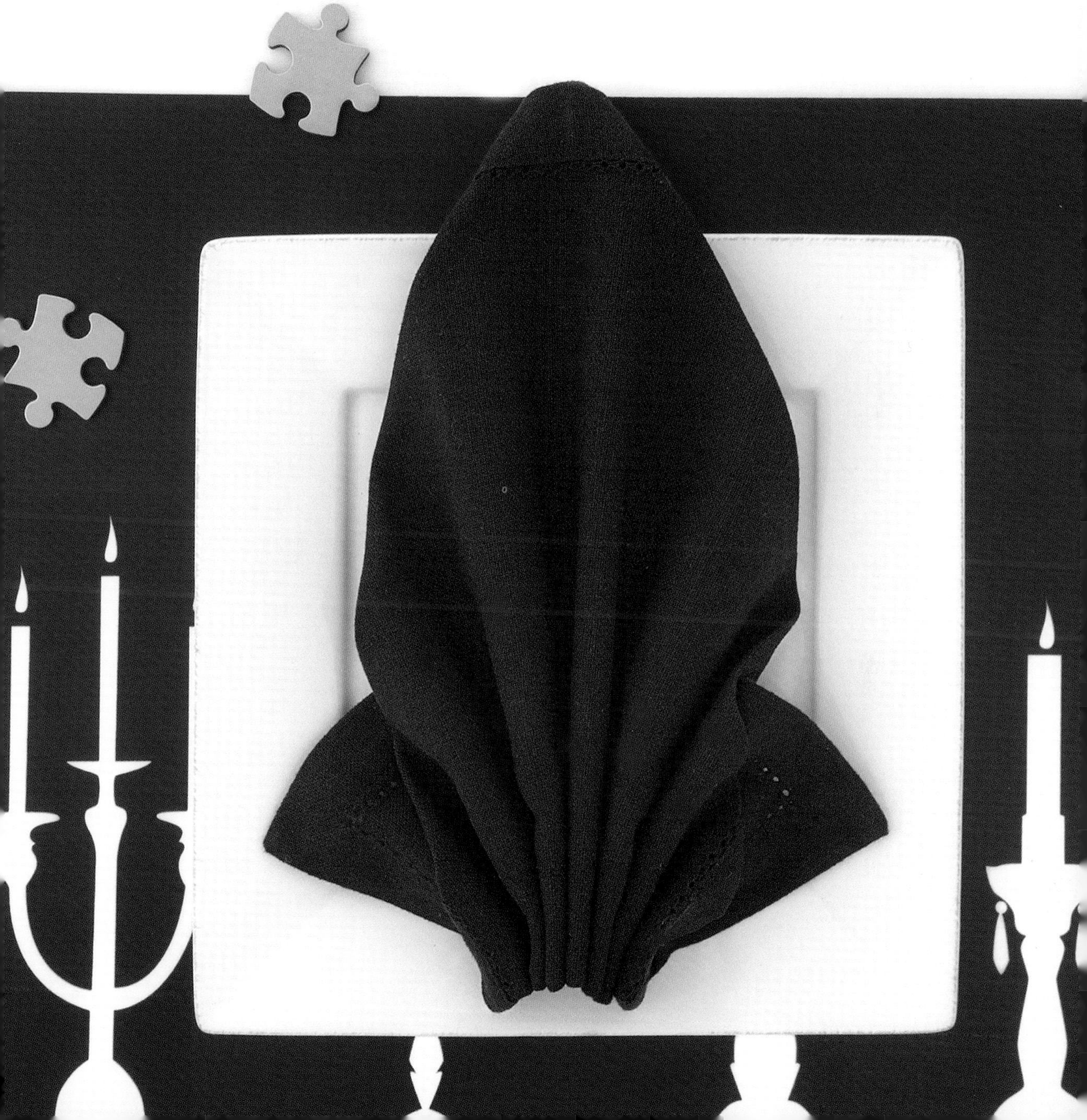

DIFFICULTÉ : *

Les bâtonnets

1 Posez la serviette à plat devant vous, un bord parallèle au bord de la table et l'envers sur le dessus, puis rabattez le tiers inférieur sur le tiers supérieur. Rabattez le côté gauche vers le bas, en l'alignant sur le milieu.

2 Faites la même chose avec le côté droit que pour le côté gauche, puis tournez le pliage sur l'autre face, la pointe vers le bas.

3 Enroulez vers le bas les deux rectangles qui dépassent du triangle, jusqu'à la base de celui-ci.

4 Retournez à nouveau la serviette sur l'autre face, la pointe vers le haut, en tenant fermement les rouleaux. Rabattez l'angle inférieur droit sur l'angle supérieur.

5 Rabattez l'angle inférieur gauche sur l'angle supérieur et mettez le pliage en forme.

SERVIETTES EN TISSU * DÎNER DE L'AMBASSADEUR * 84

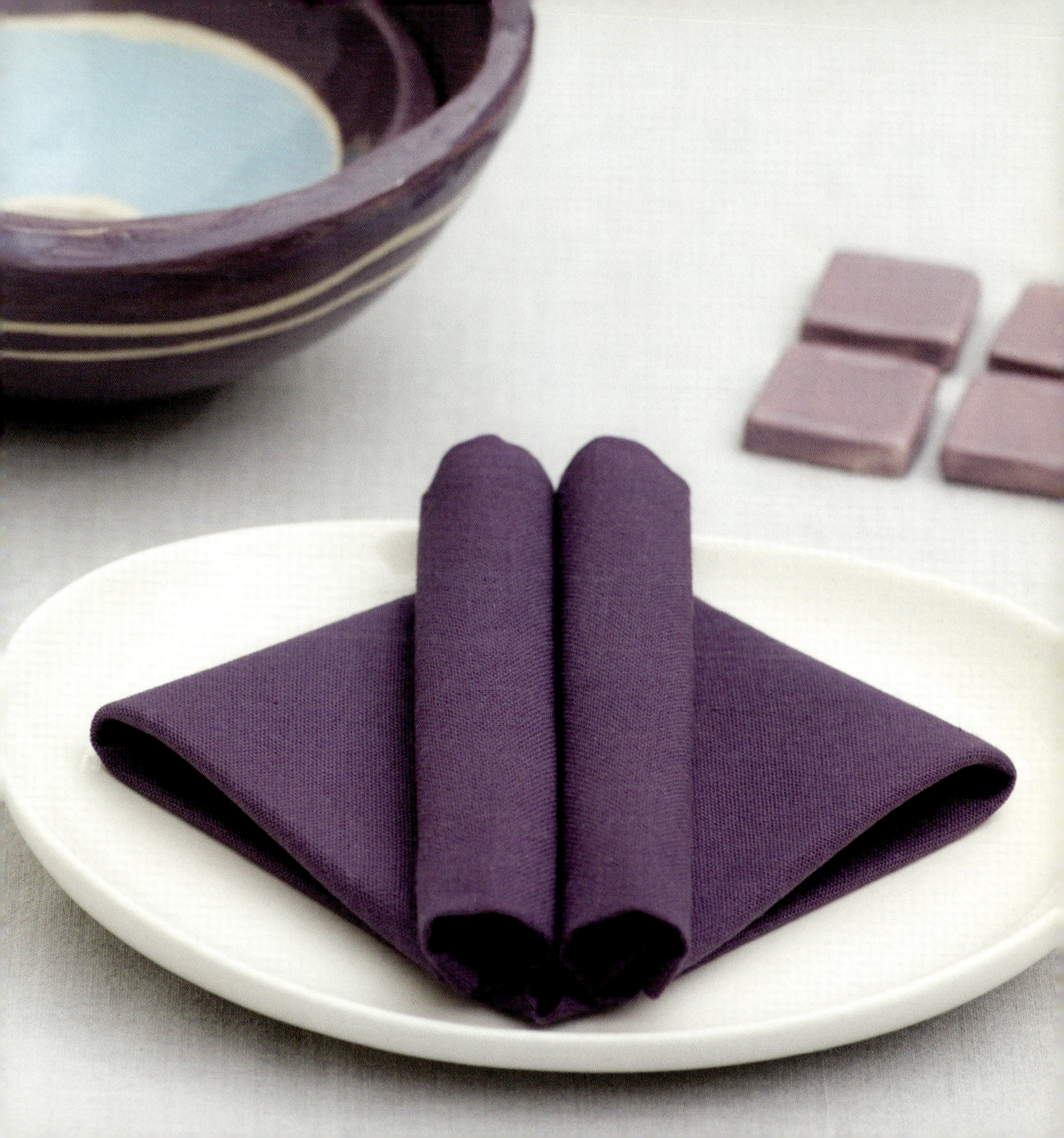

DIFFICULTÉ *

Le col monté

1. Posez la serviette à plat, une pointe vers vous, envers sur le dessus, et pliez-la en deux en rabattant la pointe supérieure sur la pointe inférieure pour obtenir un triangle.

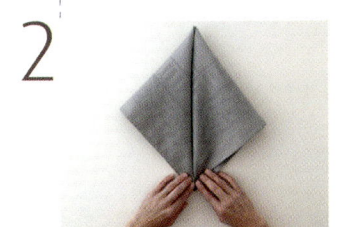

2. Rabattez les deux angles supérieurs droit et gauche sur l'angle inférieur.

3. Donnez une forme de col à la serviette.

4. Repliez vers l'arrière les bords droit et gauche et la pointe inférieure.

SERVIETTES EN TISSU * DÎNER DE L'AMBASSADEUR * 86

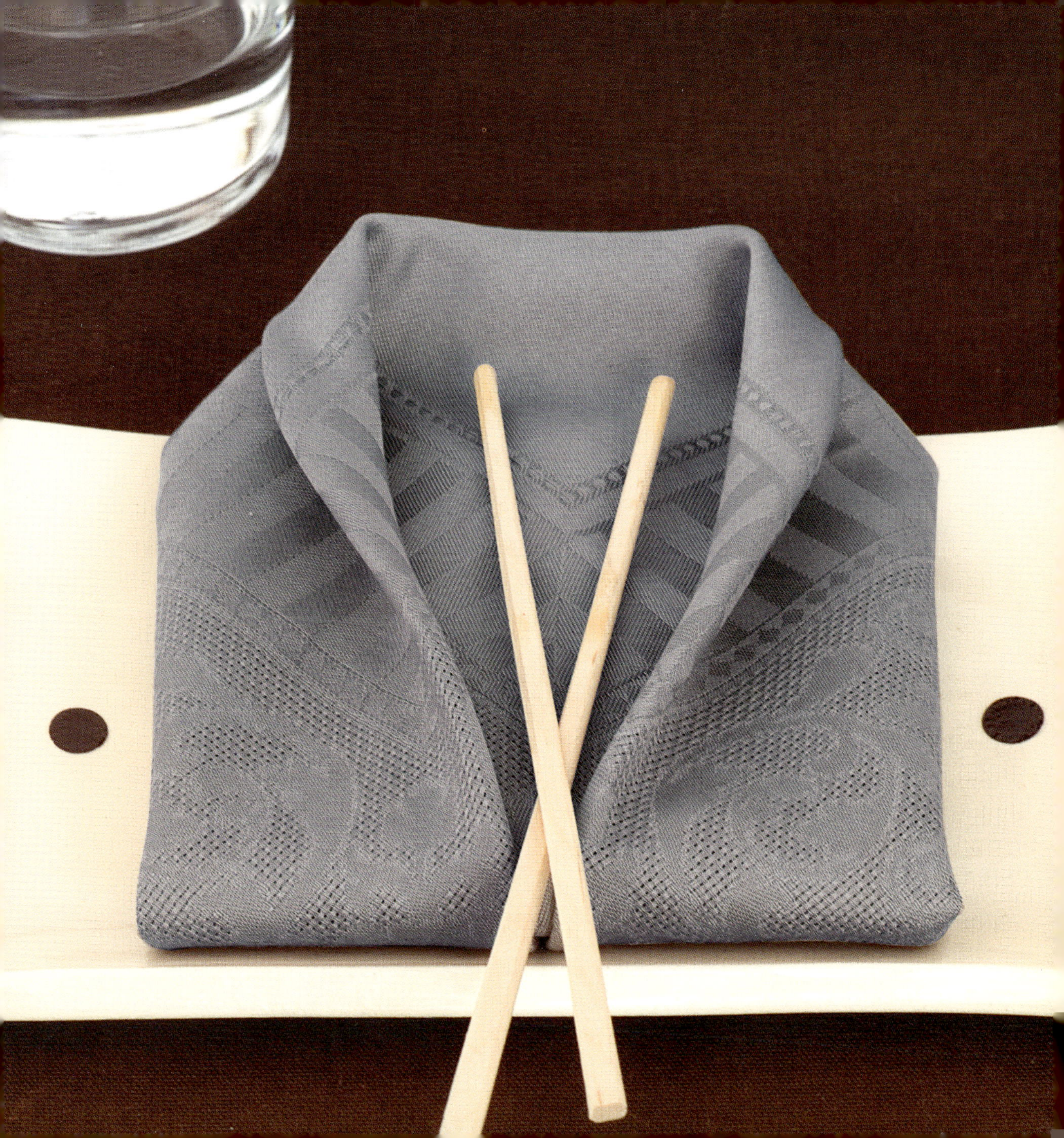

DIFFICULTÉ : ✲ ✲

Les ailes d'oiseau

1 Posez la serviette à plat devant vous, un bord parallèle au bord de la table et envers sur le dessus. Rabattez le haut et le bas jusqu'au centre.

2 Pliez la serviette en deux en rabattant le pli inférieur sur le pli supérieur.

3 Rabattez le tiers droit de la serviette sur la serviette.

4 Repliez ce côté en deux en l'alignant sur le bord extérieur pour faire un rabat.

5 Soulevez légèrement ce rabat et rentrez à sa base le tissu vers l'intérieur. Mettez en forme le côté gauche en répétant les étapes 3 à 5.

SERVIETTES EN TISSU ✲ DÎNER DE L'AMBASSADEUR ✲ 88

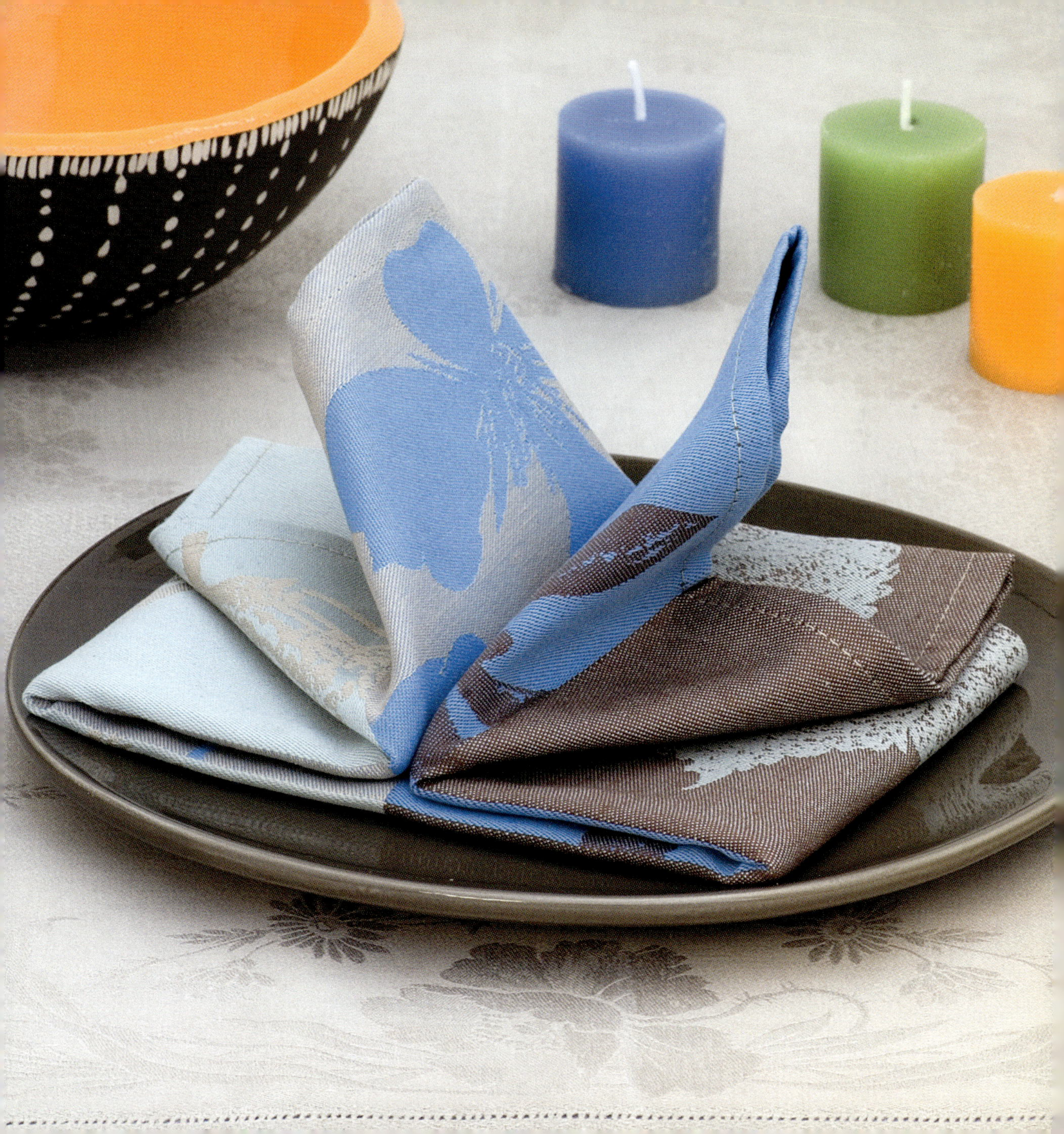

DIFFICULTÉ : * * *

Le sapin

1. Posez la serviette à plat devant vous, un bord parallèle au bord de la table, envers sur le dessus, et pliez-la en deux en rabattant le côté gauche sur le côté droit.

2. Rabattez l'angle supérieur droit sur la serviette de façon à former un triangle sur un bon tiers de la serviette.

3. Faites la même chose avec l'angle supérieur gauche.

4. Rabattez le rectangle sur le triangle, puis repliez le rectangle sur lui-même de façon à former un pli de 3 cm environ.

5. Ouvrez le pli à gauche et rabattez sur le rectangle.

6. Ouvrez le pli à droite et rabattez sur le rectangle.

7. Repliez le bas sur le rectangle puis retournez le pliage sur l'autre face.

Astuce
Vous pouvez laisser vos enfants décorer le sapin à l'aide de gommettes ou de Smarties !

SERVIETTES EN TISSU * DÎNER DE NOËL

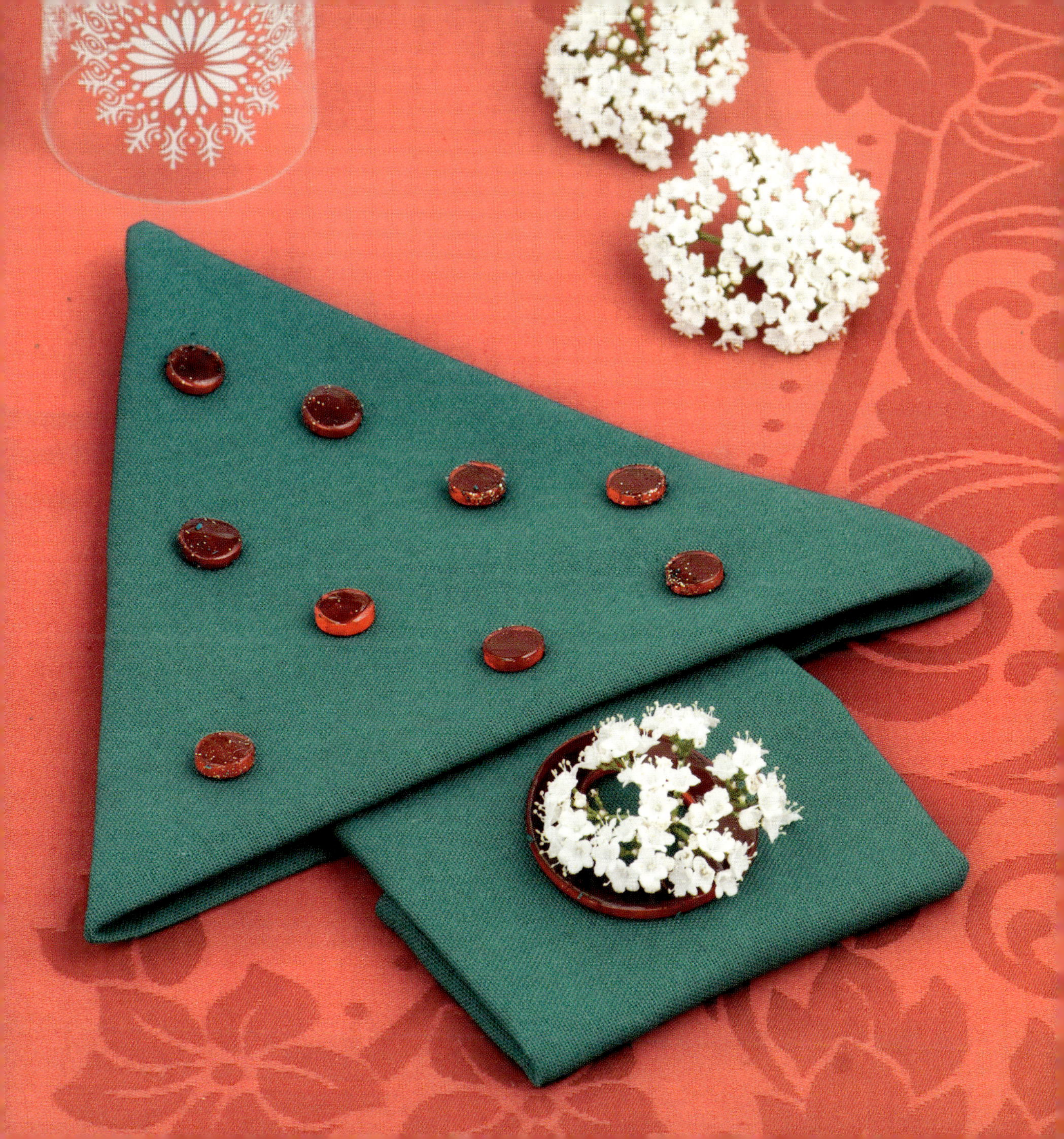

DIFFICULTÉ : * *

La couronne

1
Posez la serviette à plat devant vous, un bord parallèle au bord de la table, envers sur le dessus, et pliez-la en trois en rabattant le tiers supérieur sur le tiers inférieur.

2
Rabattez les côtés vers le centre en laissant entre eux un espace de 2 cm.

3
Rabattez l'angle supérieur gauche et l'angle inférieur droit sur le centre.

4
Tournez le pliage d'un quart de tour à droite.

5
Pliez la serviette en deux en rabattant le haut vers l'arrière.

6
Fermez le pliage en rond en glissant l'une de ses extrémités dans l'autre.

7
Redressez le pliage. Rabattez une pointe sur la jonction des deux extrémités.

SERVIETTES EN TISSU * DÎNER DE NOËL * 92

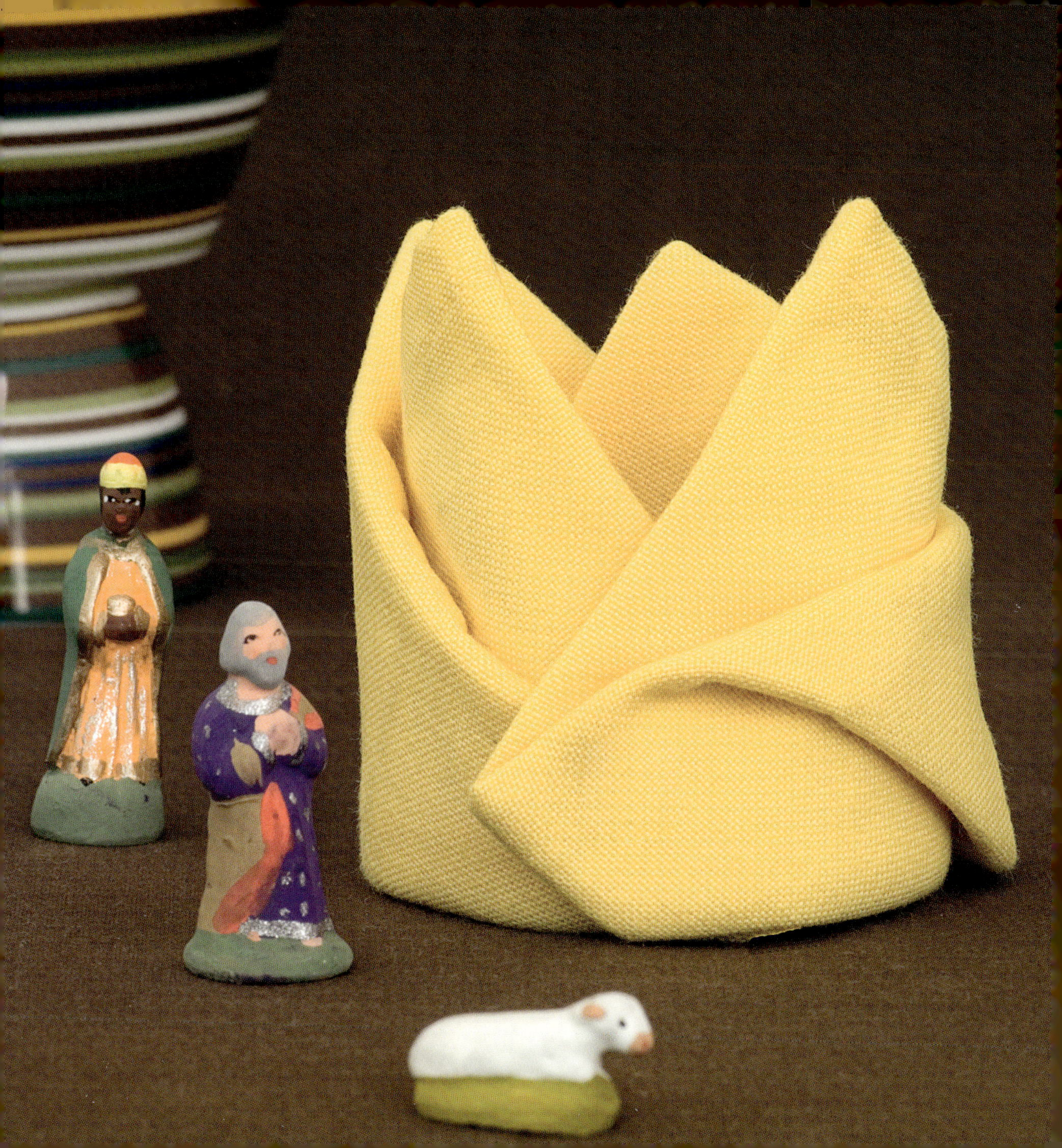

DIFFICULTÉ : **

La pomme de pin

1 Posez la serviette à plat devant vous, un bord parallèle au bord de la table, endroit sur le dessus. Pliez la serviette en accordéon en partant du bas, en faisant des bandes de 2 cm environ et en décalant les plis de 1 cm. Marquez bien les plis.

2 Retournez la serviette sur l'autre face, puis ramenez les deux côtés vers le bas en intercalant les extrémités des plis et en les glissant les unes dans les autres.

3 Pliez la pointe du bas vers l'intérieur.

4 Relevez la serviette et mettez le pliage en forme en disposant bien les plis.

SERVIETTES EN TISSU * DÎNER DE NOËL * 94

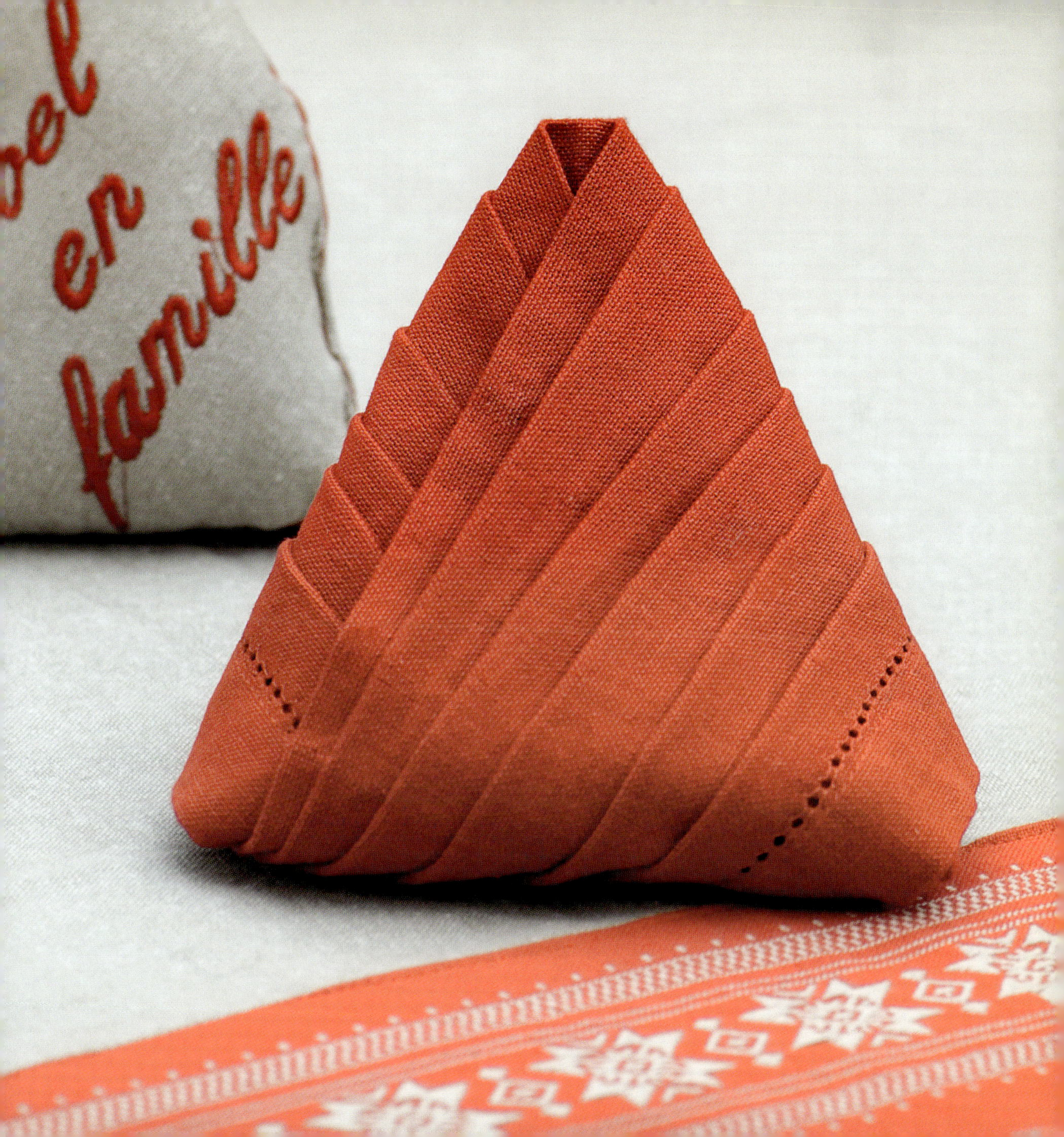
en
famille

DIFFICULTÉ : * * *

Le lapin

Posez la serviette à plat devant vous, un bord parallèle au bord de la table, envers sur le dessus, et pliez-la en trois en rabattant le tiers supérieur sur le tiers inférieur. Vous obtenez un rectangle plus long que large.

Pliez ce rectangle en deux pour marquer le pli vertical du centre puis remettez-le à plat. Rabattez le côté droit vers le bas, en l'alignant sur le pli vertical, puis faites de même avec le côté gauche. Vous obtenez une pointe dirigée vers le haut.

Rabattez le bas du côté droit sur le pli vertical.

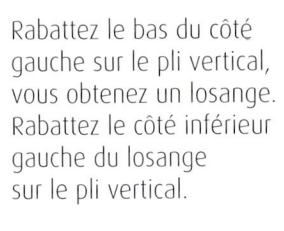

Rabattez le bas du côté gauche sur le pli vertical, vous obtenez un losange. Rabattez le côté inférieur gauche du losange sur le pli vertical.

Rabattez le côté inférieur droit du losange sur le pli vertical. Ensuite, retournez la serviette sur l'autre face, les deux petites pointes pour les oreilles en haut, et rabattez vers l'avant le triangle du bas. Pliez en deux la serviette de façon qu'elle puisse tenir debout et ajustez bien les oreilles.

SERVIETTES EN TISSU * DÉJEUNER DE PÂQUES * 96

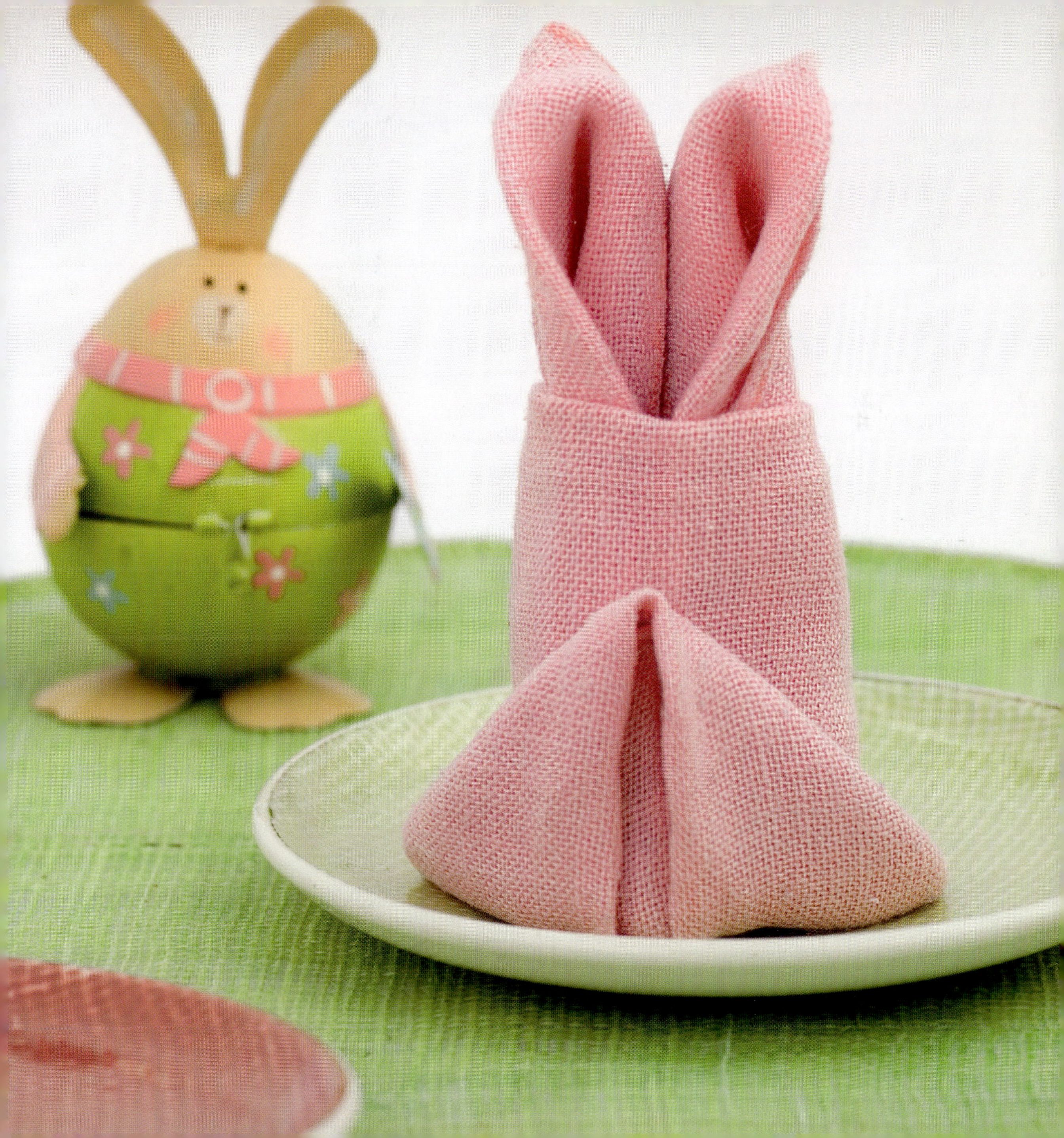

DIFFICULTÉ : *

La vague

Posez la serviette à plat devant vous, un bord parallèle au bord de la table, envers sur le dessus, et pliez-la en trois en rabattant le tiers supérieur sur le tiers inférieur. Vous obtenez un rectangle plus long que large.

Pliez le tiers gauche en deux sur le rectangle sans l'aplatir.

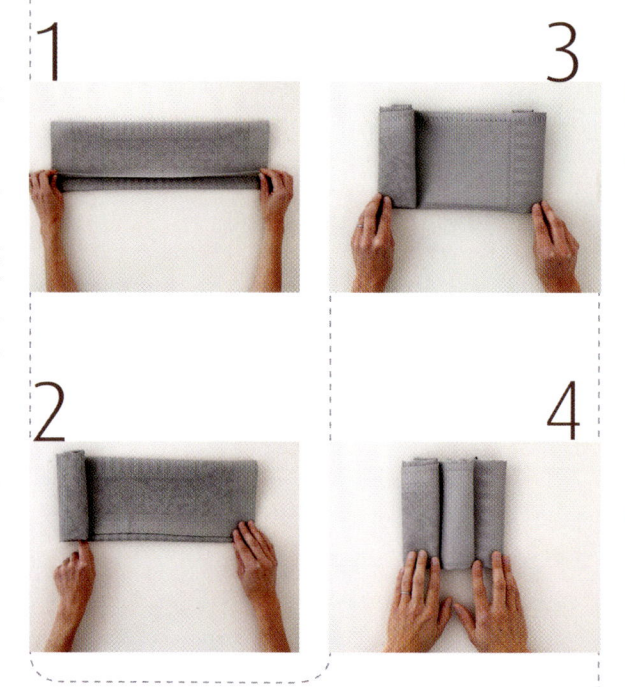

Pliez le tiers droit en deux sous le rectangle, également sans l'aplatir.

Soulevez le centre de la serviette et formez la troisième vague.

Astuce
Vous pouvez glisser un mot ou un menu entre deux vagues.

SERVIETTES EN TISSU * DÉJEUNER DE PÂQUES

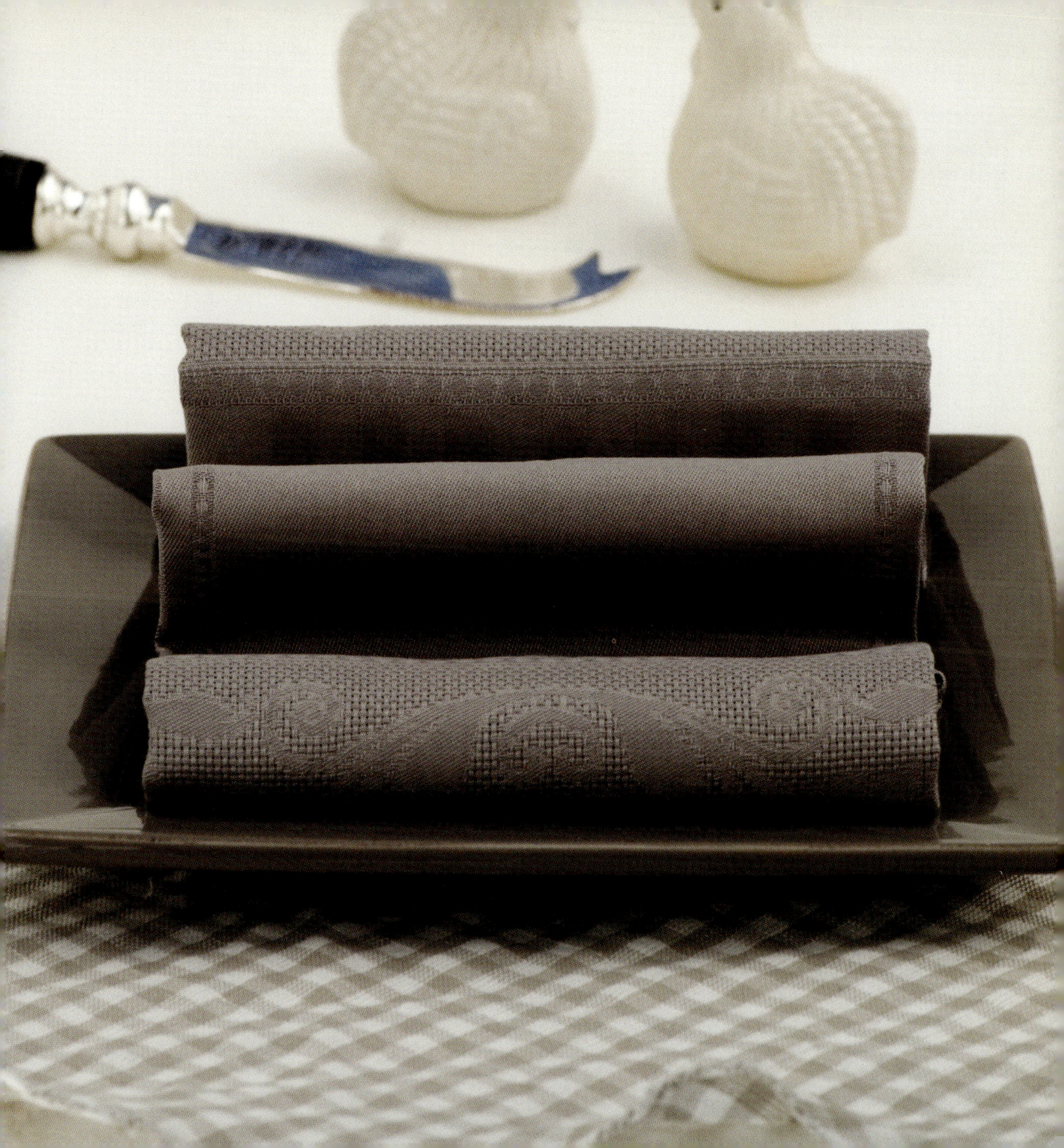

DIFFICULTÉ : *

Le coquetier

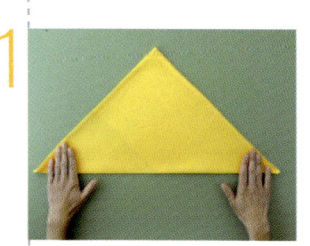

1 Posez la serviette à plat, une pointe vers vous, envers sur le dessus, et pliez-la en deux en rabattant la pointe inférieure sur la pointe supérieure pour obtenir un triangle.

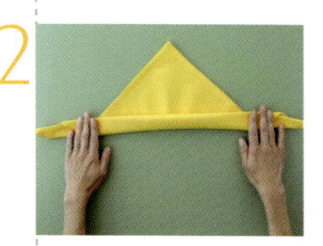

2 Enroulez la serviette, de la base jusqu'à la pointe.

3 Pliez la serviette roulée en deux. Ensuite, placez l'œuf au milieu et maintenez la serviette par du raphia ou un ruban.

Astuce

* Ce coquetier, qui s'utilise à plat dans une assiette, peut aussi être positionné debout pour former un lapin aux grandes oreilles !

SERVIETTES EN TISSU * DÉJEUNER DE PÂQUES * 100

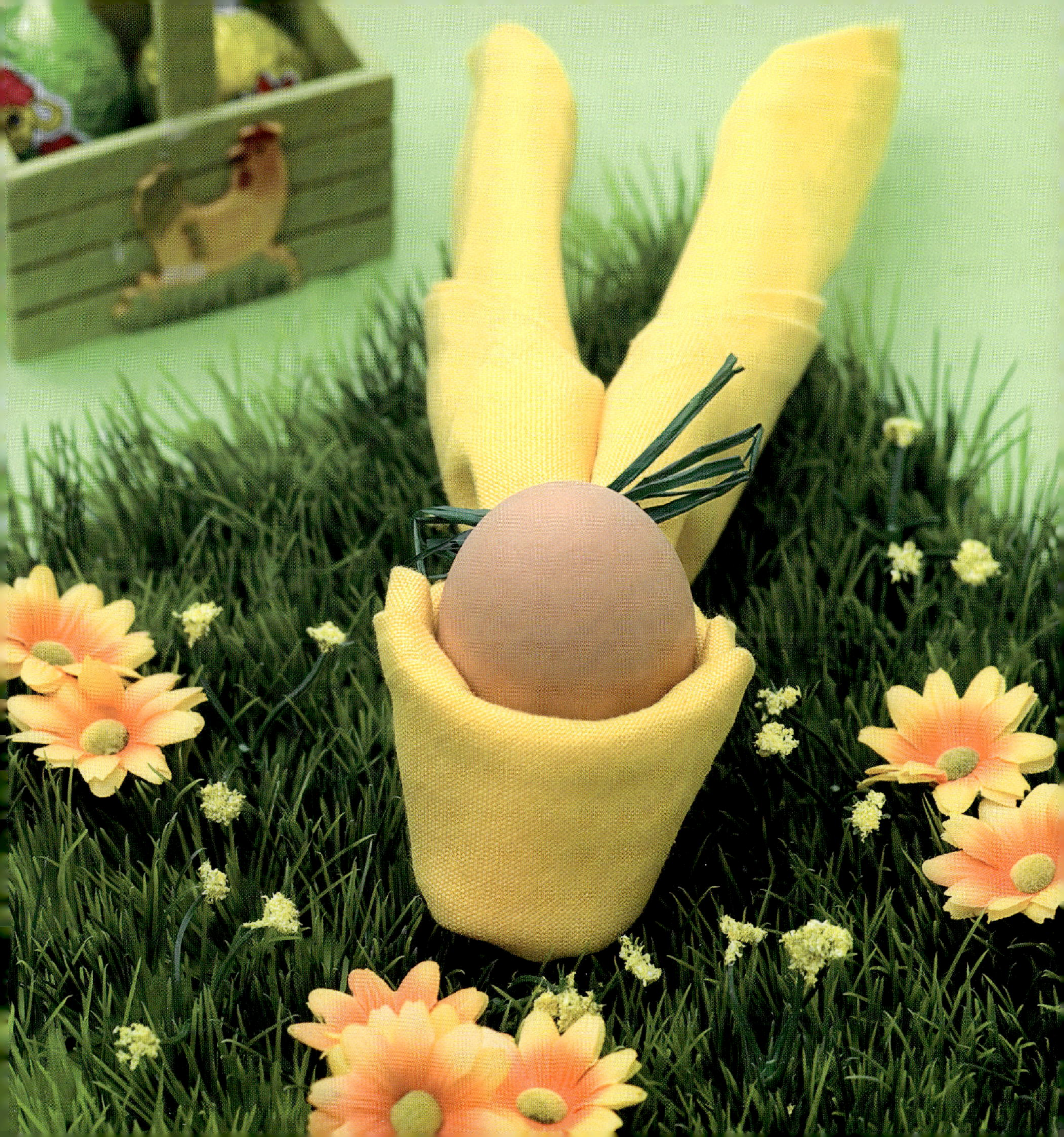

DIFFICULTÉ : *

Le rond de serviette

1 Posez la serviette à plat devant vous, un bord parallèle au bord de la table, envers sur le dessus, et rabattez le tiers inférieur sur la serviette.

2 Rabattez par-dessus le tiers supérieur et repliez une petite bande (de 3 cm environ) plusieurs fois vers le haut jusqu'au centre.

3 Retournez la serviette sur l'autre face et roulez-la sur elle-même de gauche à droite.

SERVIETTES EN TISSU * DÎNER IMPROVISÉ * 102

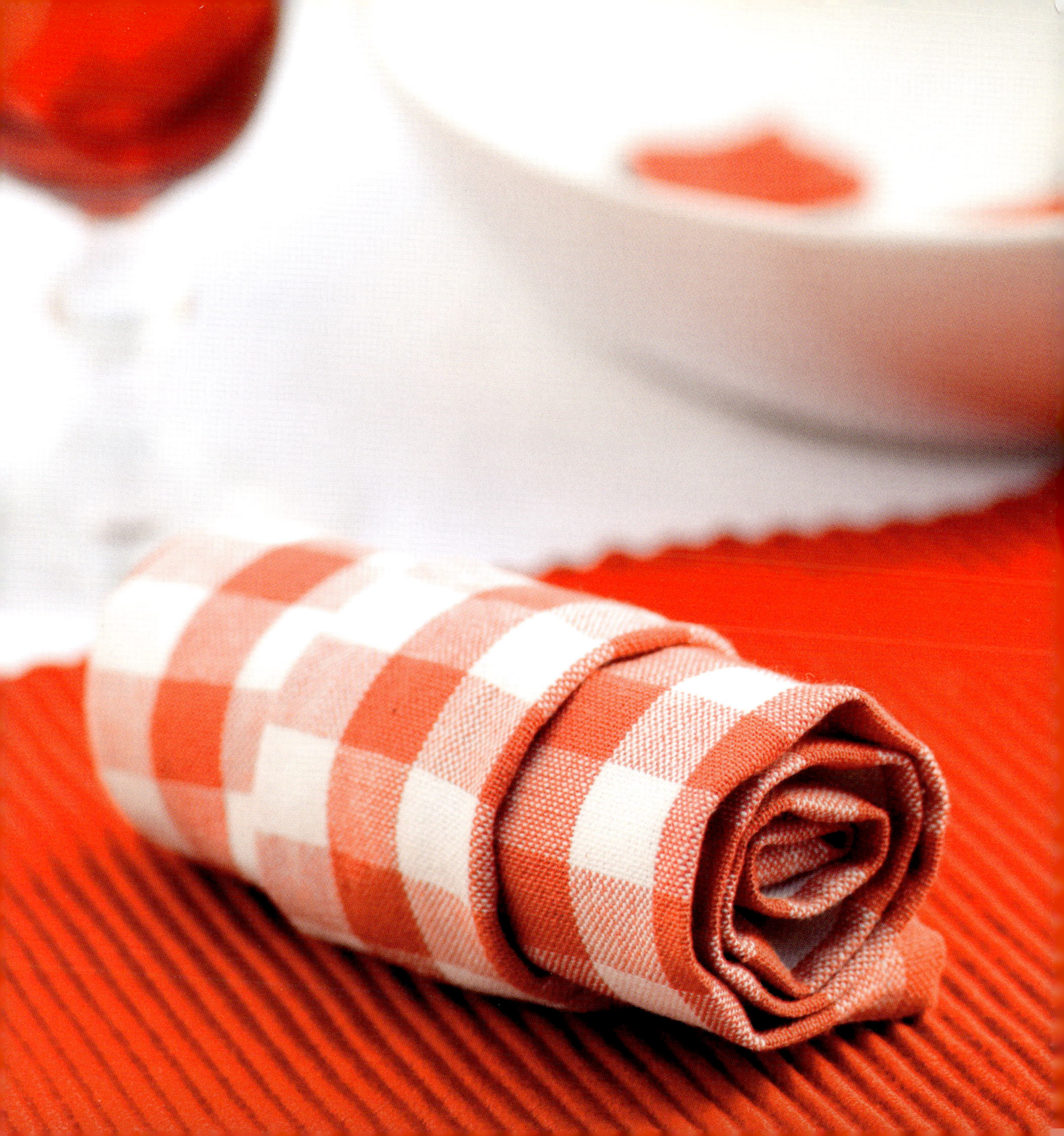

DIFFICULTÉ : **

La gondole

1. Posez la serviette à plat devant vous, un bord parallèle au bord de la table, envers sur le dessus, et pliez-la en trois en rabattant d'abord le tiers inférieur, puis le tiers supérieur. Vous obtenez un rectangle plus long que large.

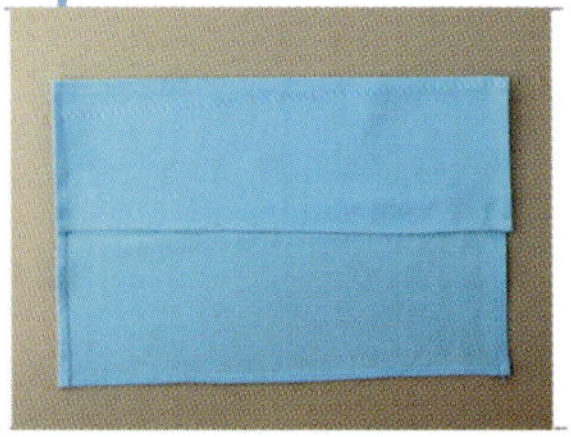

2. Pour plier la serviette en deux, posez votre main droite à plat sur la serviette au niveau de la pliure, et prenez la serviette avec la main gauche.

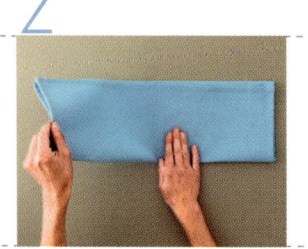

3. Rabattez le côté gauche sur le côté droit en marquant bien le pli central avec la main droite.

4. Rabattez le côté droit et le côté gauche jusqu'au centre, bien bord à bord, puis retournez le pliage sur l'autre face.

5. Rabattez jusqu'au centre du rectangle les deux premières épaisseurs de serviette du haut et du bas.

6. Retournez le pliage sur l'autre face et écartez les côtés, puis mettez-le en forme.

Astuce

Vous pouvez vous servir de ce pliage comme d'un petit ramequin en y disposant des légumes coupés, par exemple.

SERVIETTES EN TISSU * DÎNER IMPROVISÉ * 104

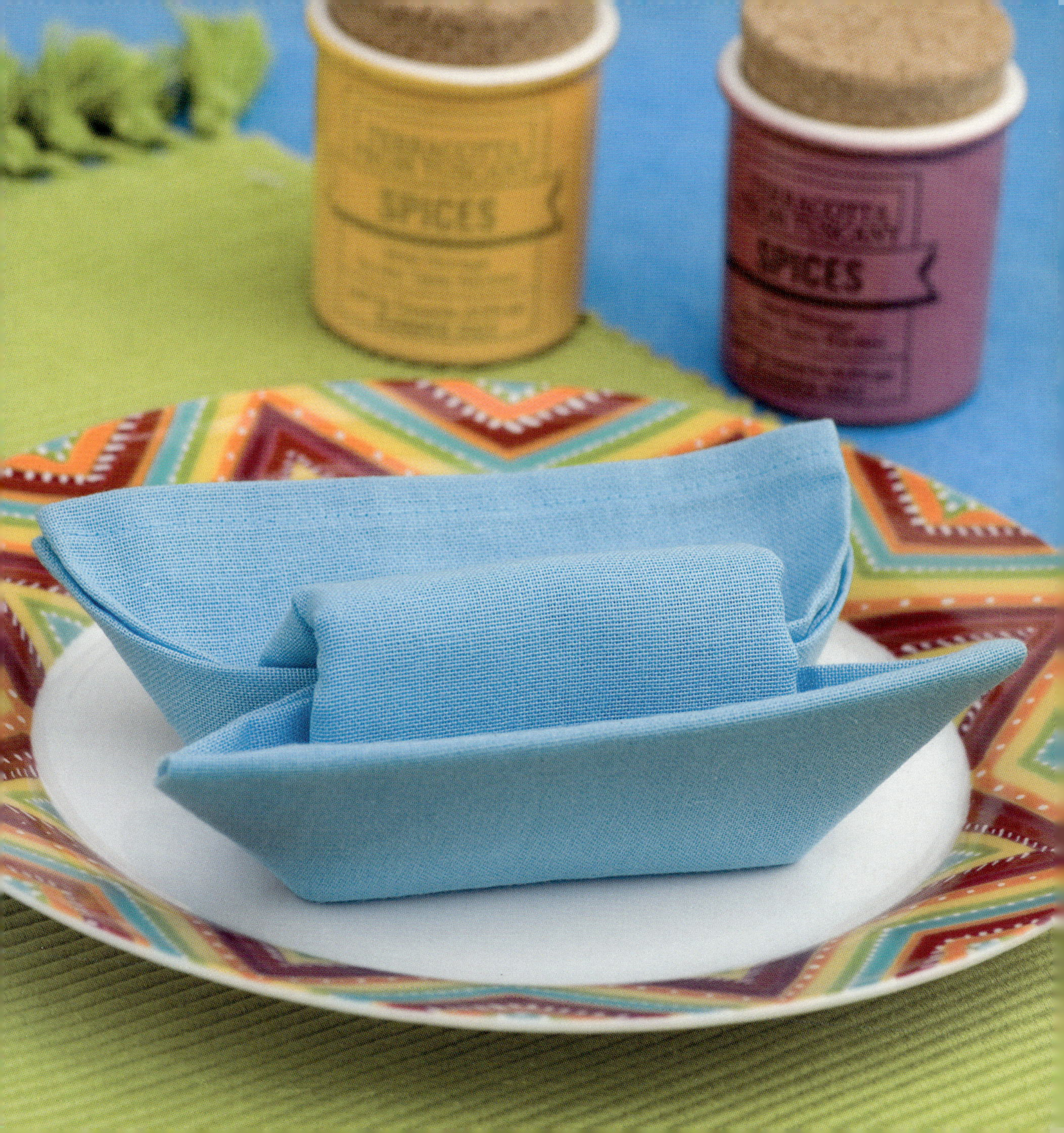
SPICES
SPICES

DIFFICULTÉ : * *

Le chapeau pointu

1

Posez la serviette à plat devant vous, un bord parallèle au bord de la table, envers sur le dessus, et pliez-la en deux en rabattant le haut sur le bas. Vous obtenez un rectangle plus long que large.

2

Rabattez le côté droit du rectangle sur le bas.

3

Pliez en deux en rabattant la partie droite sur la partie gauche.

4

Rabattez l'angle supérieur gauche sur l'angle inférieur droit.

5

Ouvrez le pliage en forme de cône et repliez la pointe inférieure sur le cône pour maintenir le pliage. Ensuite, posez le cône debout et mettez-le en forme.

SERVIETTES EN TISSU * DÎNER IMPROVISÉ * 106

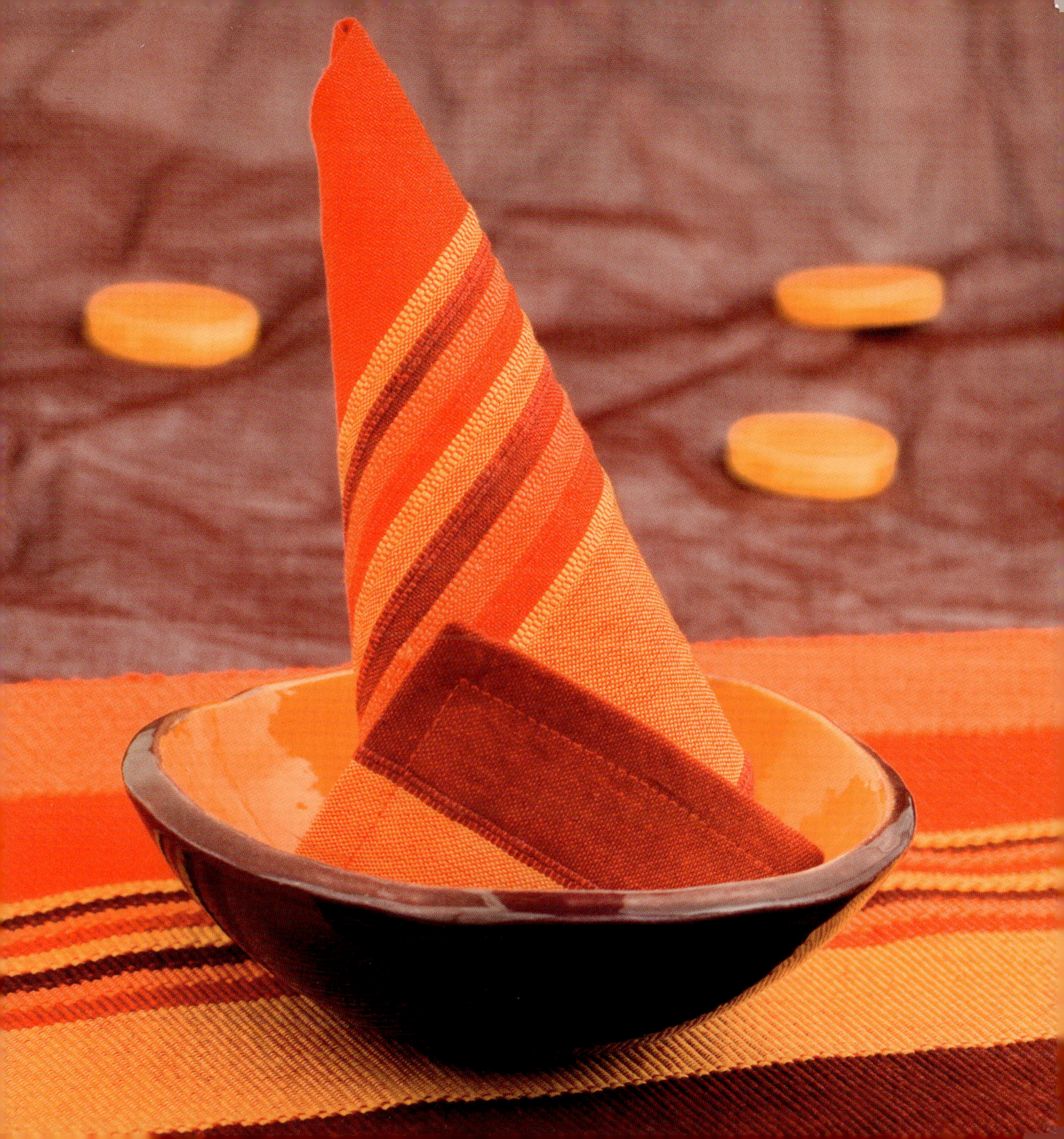

Table des matières

Introduction 7

Serviettes en papier
Brunch 8
   La tour 8
   Le toasteur 10
   L'avion 12

Pique-nique 14
   Le panier à fleurs 14
   Les candies 16
   Le moulin à vent 18

Déjeuner dans le jardin 20
   Le papillon 20
   L'éventail 22
   La mitre 24
   L'enveloppe 26

Dîner entre amis 28
    Le flamenco 28
    L'assiette 30
    Le bourgeon 32
    L'angle 34

Plateau repas 36
    La pochette 36
    Le ramequin 38
    La flèche 40

Dîner aux chandelles 42
    Le voilier 42
    Le pistil 44
    Le cœur 46

Goûter d'anniversaire 48
    Le chausson de lutin 48
    Le taureau 50
    Le bonhomme 52
    La grenouille 54

Serviettes en tissu

Baptême et communion — 56
- La pièce montée — 56
- La croix — 58
- La bougie — 60

Fiançailles — 62
- La chandelle — 62
- Le lotus — 64
- Le double smoking — 66
- La pyramide — 68

Mariage — 70
- L'iris — 70
- La corbeille — 72
- Le fourreau — 74
- La cravate — 76

Réveillon — 78
- Le tourbillon — 78
- L'étoile de mer — 80
- La fleur de lys — 82

Dîner de l'ambassadeur 84
Les bâtonnets 84
Le col monté 86
Les ailes d'oiseau 88

Dîner de Noël 90
Le sapin 90
La couronne 92
La pomme de pin 94

Déjeuner de Pâques 96
Le lapin 96
La vague 98
Le coquetier 100

Dîner improvisé 102
Le rond de serviette 102
La gondole 104
Le chapeau pointu 106

Annexes 108

TABLE DES MATIÈRE ✱ 111

Remerciements

Je tiens à remercier Sarah, Manue, Bella, Fred, Mimi et Tina ; je remercie également plus particulièrement la céramiste Dominique Paillard-Rampal pour Tarente, ainsi que Madame Marie pour Maison du Monde, à Marseille.

Biographie

Delphine Viellard débute en 1992 chez Balenciaga en organisant les défilés Couture, puis rejoint Lancôme pour diriger leur magasin de Londres. En 1994, elle se lance dans la création et la conception d'accessoires avec Hélène de Reboul, designer de chapeaux établie à Londres, puis chez Guerlain à partir de 1998. Delphine fonde en 2001 sa propre société de création de chapeaux et d'accessoires. Basée à Marseille depuis 2002, elle distribue ses créations à Paris par l'intermédiaire de boutiques de créateurs. Son succès est immédiat ; elle est notamment lauréate « Coup de cœur » du concours Madame Figaro 2002.
Elle est déjà auteur de Bijoux pour cheveux aux éditions Solar.
Vous pouvez retrouver toutes ses créations sur son site : www.delphineviellard.com

Si vous souhaitez recevoir notre catalogue
et être tenu au courant de nos publications,
envoyez-nous vos nom et adresse, en citant ce livre
et en précisant les domaines qui vous intéressent.

Éditions SOLAR
12, avenue d'Italie
75013 Paris
www.solar.fr

Éditions SOLAR

Direction : Jean-Louis Hocq
Direction littéraire : Suyapa Granda Bonilla
Responsable artistique : Vu Thi
Maquette : Julia Philipps
Secrétaire d'édition : Marion Guillemet-Bigeard
Édition : Dominique Montembault
Fabrication : Laurence Ledru
Photogravure : APS

© 2008, Éditions Solar, un département de place des éditeurs
Tous droits de traduction, d'adaptation et de reproduction par tous procédés, réservés pour tous pays.

ISBN : 978-2-263-04688-9
Code éditeur : S04688/02
Dépôt légal : novembre 2008
Imprimé par IME, France
Suite de la première édition